**介護保険のしくみと
使い方＆お金がわかる本**

介護
サービスの
トリセツ

もくじ

第2章

要介護（要支援）認定までの流れ

第3章

要介護（要支援）認定が決まったら

※本書では、介護保険の自己負担割合を「1割」で、1単位=10円で算定しています。

第4章

施設について考えよう

第5章

お金の話

第1章

これって介護保険サービスを受けられるの?

母が住む自宅と、入院した病院の市（区）町村が
違う場合は？　家族と同居の場合は?!　など、
対応に迷う事例とその答えを
漫画にしてご紹介します。

母の申請、どこでする？

札幌市に住む母を、お正月なので川崎市の私の自宅に呼びました。ところが母の具合が悪くなり入院することに。母の入院中に介護保険サービスの利用申請をしたいと思っています。どこに連絡すればよいでしょうか。

母75歳

私（娘）

同居でも申請できる？

私たち息子夫婦と孫と同居している92歳の母。しかし昼間は母以外の家族全員が仕事や学校で外出します。先日、母がねん挫してしまいました。介護保険サービスの利用申請をしたいのですが、家族と同居だと難しいですか？

母92歳　私たち（息子夫婦）

独居の父へのサポートは？

最近急に足腰が弱くなり、外出が難しくなってきた父。私（息子）は遠方に住んでいて、仕事の都合上短い期間で何度も行き来するのは難しい状況です。介護保険サービスでどんなサポートが考えられるでしょうか。

父89歳

私（息子）

詳しくは54ページへ

申請したがらない母への対応は？

1人暮らしの母の様子を私たち（息子夫婦）で見に行きますが、遠方のため頻繁には難しい状況です。介護保険サービスの利用申請をしたいのですが、本人が「年寄り扱いするな」の一点張り。どうすればよいのでしょうか。

母90歳　私たち（息子夫婦）

自宅で安全に暮らすには？

夫がくも膜下出血で突然倒れました。入院生活を経て、無事に帰宅できたのですが、我が家は古い一軒家。トイレの行きかえりにつかまるところもなく、夫はときどきふらついて転んでしまいます。転んでけがしたら…と思うと心配です。

 夫68歳

 私（妻）

介護保険サービスの利用申請は、若くてもできる？

夫ががんの末期で、50歳という若さですが自分で動けなくなってしまいました。自宅で夫の介護をしたいのですが、若いので介護保険サービスの利用申請はできないでしょうか。

夫50歳　　私（妻）

詳しくは24ページへ

2024年、改正介護保険法が施行されました

　2024年4月、改正介護保険法が施行されました。2024年は診療報酬の改定も行われる年だったため、項目によって、4月1日施行と6月1日施行の2段階での施行となりました。主な改正のポイントは次のとおりです。

❶地域包括ケアシステムの深化・推進

認知症の方や単身高齢者、医療ニーズが高い中重度の高齢者に対して、質の高いケアマネジメントや必要なサービスが切れ目なく提供されるよう、地域の実情に応じた柔軟かつ効率的な取り組みを推進する。

● **質の高い公正中立なケアマネジメント**
　● 居宅介護支援における特定事業所加算の見直し（居宅介護支援）➡ 単位数を加算
● **地域の実情に応じた柔軟かつ効率的な取り組み**
　● 訪問介護における特定事業所加算の見直し（訪問介護）➡ 報酬区分の廃止と新設、算定要件の統合、新設、削除など
● **看取りへの対応強化**
　● 看取り対応体制の評価（訪問入浴介護、短期入所生活介護）➡ 看取り連携体制加算の新設
　● 各種サービスにおける看取り・ターミナルケア加算の見直し
● **医療と介護の連携の推進**
　● 専門性の高い看護師による訪問看護の評価（訪問看護、看護小規模多機能型居宅介護）➡ 専門管理加算の新設
　● 療養通所介護における重度者への安定的なサービス提供体制の評価（療養通所介護）➡ 重度者ケア体制加算の新設
　● 医療機関のリハビリテーション計画書の受け取りの義務化（訪問リハ、通所リハ）➡ 退院時共同指導加算の新設
● **感染症や災害への対応力向上**
　● 高齢者施設等における感染症対応力の向上（特定施設入居者生活介護、地域密着型特定施設入居者生活介護、認知症対応型共同生活介護、介護老人福祉施設、地域密着型介護老人福祉施設入所者生活介護、介護老人保健施設、介護医療院）➡ 高齢者施設等感染対策向上加算の新設

施設内で感染症の療養を行うなども新たに評価されました

- 業務継続計画未策定事業所への減算の導入（全サービス）➡ 業務継続計画未策定減算を導入
- **高齢者虐待防止の推進**
  - 高齢者虐待防止の推進（全サービス）➡ 高齢者虐待防止装置未実施減算の導入
- **認知症への対応力向上**
  - 認知症対応型共同生活介護、介護保険施設における平時からの認知症の行動・心理症状の予防、早期対応の推進（認知症対応型共同生活介護、介護老人福祉施設、地域密着型介護老人福祉施設入所者生活介護、介護老人保健施設、介護医療院）➡ 認知症チームケア推進加算の新設
- **福祉用具貸与・特定福祉用具販売の見直し**
  - 一部の福祉用具に係る貸与と販売の選択制の導入（福祉用具貸与、特定福祉用具販売、居宅介護支援）➡ 固定用スロープ、歩行器（歩行車を除く）、単点杖（松葉づえを除く）、多点杖について、貸与と販売の選択制を導入

利用者負担の
軽減も
期待されます

❷自立支援・重度化防止に向けた対応

高齢者の自立支援・重度化防止という制度の趣旨に沿い、多職種連携やデータの活用等を推進する。

- **リハビリテーション・機能訓練、口腔、栄養の一体的取り組み等**
  - リハビリテーション・機能訓練、口腔、栄養の一体的取り組みの推進（通所リハビリテーション、介護老人保健施設、介護医療院、介護老人福祉施設等）➡ 口腔アセスメント及び栄養アセスメントを一体的に行っている等の場合のリハビリテーションマネジメント加算の新設
  - 訪問系サービス及び短期入所系サービスにおける口腔管理に係る連携の強化（訪問介護、訪問看護、訪問リハビリテーション、短期入所生活介護ほか）➡ 口腔連携強化加算の新設
  - 退所者の栄養管理に関する情報連携の促進（介護老人福祉施設、地域密着型介護老人福祉施設入所者生活介護、介護老人保健施設、介護医療院）➡ 退所時栄養情報連携加算の新設
- **自立支援・重度化防止に係る取り組みの推進**
  - 通所介護等における入浴介助加算の見直し（通所介護、地域密着型通所介護、認知

症対応型通所介護、通所リハビリテーション（加算Ⅱのみ））➡ 入浴介助加算の算定要件の見直し

● **LIFEを活用した質の高い介護**

● 科学的介護推進体制加算の見直し（通所介護、地域密着型通所介護、認知症対応型通所介護、通所リハビリテーション、特定施設入居者生活介護、地域密着型特定施設入居者生活介護ほか）➡ LIFEへの提出頻度の見直し等

❸良質な介護サービスの効率的な提供に向けた働きやすい職場づくり

介護人材不足の中で、さらなる介護サービスの質の向上を図るため、処遇改善や生産性向上による職場環境の改善に向けた先進的な取り組みを推進する。

● **介護職員の処遇改善（令和6年6月施行）**

● 介護職員の処遇改善（訪問介護、訪問入浴介護、通所介護、地域密着型通所介護、療養通所介護、認知症対応型通所介護、通所リハビリテーション、短期入所生活介護ほか）➡ 従来の介護職員処遇改善加算、介護職員等特定処遇改善加算、介護職員等ベースアップ等支援加算を一本化し、介護職員等処遇改善加算として加算の見直し ※令和6年度末までの経過措置区分あり

❹制度の安定性・持続可能性の確保

介護保険制度の安定性・持続可能性を高め、すべての世代にとって安心できる制度を構築。

● **評価の適正化・重点化**

● 訪問介護における同一建物等居住者にサービス提供する場合の報酬の見直し（訪問介護）➡ 事業所の利用者のうち、一定割合以上が同一建物等に居住する者への提供である場合に、報酬の適正化を行う区分を新設

> 介護療養型施設が令和5年度までに廃止になりました

❺その他

インターネット上で情報が閲覧できるよう原則として重要事項等の情報をウェブサイトに掲載・公表する。

第2章

要介護（要支援）認定までの流れ

介護保険サービスを利用するうえで
もっとも大切な要介護（要支援）認定。
申請から認定を受けるまでの段取りを
細かく解説します。

介護保険とは？

▶ 介護を必要としている人に行政がサポートしてくれる公的保険

介護保険制度は、高齢者の介護を社会全体で支え合う仕組みとして、2000年にスタートしました。介護や支援が必要な人に、かかる費用の一部を負担してくれたり、介護保険サービスの利用を補助してくれたりする公的な社会保険です。**介護だけでなく、高齢者の自立を支援するという理念も掲げています。**介護保険の保険者はお住まいの市（区）町村です。なお、日本に住所があり、3か月以上在留している40歳以上の外国籍の方は、住民基本台帳に基づき介護保険の被保険者となることができます。

▶ 介護保険サービスは原則として65歳から利用できる

介護保険は、40歳以上の人は基本的に加入していて、その運営は個々が支払う保険料にも支えられています。しかし、介護保険のサービスを利用できるのは、**原則として65歳からです。**ただし、40〜64歳の人でも介護保険法施行令に定められている病気（16の特定疾病）にかかっている場合は、介護保険サービスを利用することができます。

介 護 保 険 被 保 険 者 証		
被保険者	番号	
	住所	
	フリガナ	
	氏名	
	生年月日	明治・大正・昭和　年　月　日　性別　男・女
交付年月日		令和　年　月　日
保険者番号並びに保険者の名称及び印		○○市　　印

※介護保険のサービスを利用する資格のある65歳以上の人には、市（区）町村から「介護保険被保険者証」が交付され郵送されてくる。

※印を省略する市（区）町村もあります。

▶ 介護保険サービスを利用するには申請が必要

医療保険の場合、被保険者証を、受診の際に医療機関の受け付け窓口に提示するだけで医療費の一部（一般的に7割）が保険者（健康保険）から支払われます。

しかし、**介護保険の場合、「介護保険被保険者証」を、サービス事業者にいきなり提示しても、介護の費用の一部が自動的に保険者から支払われることはありません。**それどころか、そもそもサービスを利用することもできません。

介護保険サービスを利用するには、事前に市（区）町村の介護保険担当窓口に申請し、要介護（要支援）認定を受ける必要があります。

▶ 要介護（要支援）認定を申請し認定を受けてからサービスをスタート

介護保険サービスを利用したい場合は、あらかじめ市（区）町村の介護保険担当窓口に相談して要介護（要支援）認定の申請をし、介護の度合いを「訪問調査（認定調査）」によって決めてもらう必要があります。認定される介護の度合いは要介護1～5に要支援1・2を加えた7段階。該当する区分によって介護保険で支払われる額（限度額）が異なります。**要介護や要支援と認定された場合は、状態を今以上に悪化させないことや、自分でできる範囲を拡げる方向への支援が検討されます。**自立（非該当）と認定された場合は、介護保険サービスを利用することはできませんが、市（区）町村が独自に行っている「総合事業」において、介護予防などのサービスを受けることができます。

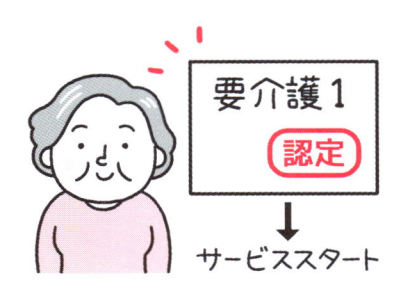

※状況に応じて要介護（要支援）認定前でもサービスをスタートさせる方法があります（→43ページ）

介護保険サービス利用開始までのロードマップ

日常生活に何らかの援助が必要と思われる状況になったとき、何から始めればよいのでしょうか。介護保険サービスが利用できるようになるまでの流れを見ていきましょう。

1 市（区）町村の役場で相談・申請する

本人が住んでいる市（区）町村の介護保険担当窓口へ相談に行きます。介護保険サービスを希望する場合は、要介護（要支援）認定の申請をします。その際、申請書と介護保険被保険者証、身元確認書類、マイナンバーが確認できる書類などが必要です。総合事業を希望する場合は、原則本人が基本チェックリストに回答します（→30ページ）

※郵送やオンラインで受け付けてくれる市（区）町村もあります。

28ページへ

2 訪問調査を自宅で受ける

市（区）町村の訪問調査員が自宅に来て、心身の状態を調査します。要介護（要支援）度を公正に判断するため、全国共通の「認定調査票」に基づいた調査が行われます。

36ページへ

5 ケアプランを作成する

ケアマネジャーは、本人や家族から状況や希望を聞き取り、いつ・どこで・どのようなサービスを受けるかといったケアプランを作成します。

54ページへ

6 サービス事業者と契約する

訪問介護、通所介護などのサービスをどの事業者に頼むか決まったら、事業者ごと、サービスごとに契約をします。

58ページへ

サービス利用開始

③ 要介護（要支援）認定の通知が郵送で届く

申請から約30日後、介護認定審査会による判定に基づいた認定結果の通知書が郵送で届きます。申請から30日を過ぎても届かない場合には、市（区）町村に問い合わせましょう。

42ページへ

申請から
認定まで
約30日

認定結果

要介護5
要介護4
要介護3
要介護2
要介護1

要支援2
要支援1

自立
（非該当）

④ ケアマネジャーと契約する

どのような介護保険サービスを利用するのかは、ケアマネジャーと相談しながら決めていきます。ケアマネジャーは、介護保険サービスを利用する上で最も身近な相談相手です。

50ページへ

地域包括支援センターに連絡

（介護保険サービスの介護予防事業でケアプランを作成してもらえる）

- 交流サロン
- 通いの場
- 体操教室　など

（総合事業の一般介護予防事業）

1 市（区）町村の役場で相談・申請する

▶ 要介護（要支援）認定の申請をする必要があるか相談 「基本チェックリスト」に回答する場合も

本人が住んでいる市（区）町村の役場の介護保険担当窓口に本人もしくは代理の人が行き、介護保険サービスを受けたい旨を伝えます。担当窓口で申請するよりも総合事業の方がよいと判断されると、「基本チェックリスト」に記入するよう促されます。基本チェックリストの該当項目によっては、要介護（要支援）認定の申請はせずに、市（区）町村が独自に行う総合事業のサービスからスタートする場合もあります。また、明らかに介護が必要で要介護（要支援）認定に直接進む場合や、訪問看護など介護保険サービスを希望している場合には、基本チェックリストに回答することなく要介護（要支援）認定の申請などを行います。

▶ 申請に必要なものは

介護保険サービスを希望する場合は、要介護（要支援）認定の申請をします。その際必要なのは窓口で配布のほか、市（区）町村のホームページでもダウンロードできる「要介護（要支援）認定申請書」と「介護保険被保険者証」（→24ページ）、マイナンバーが確認できるものなどです。あらかじめ確認しておきましょう。

要介護（要支援）認定申請書例

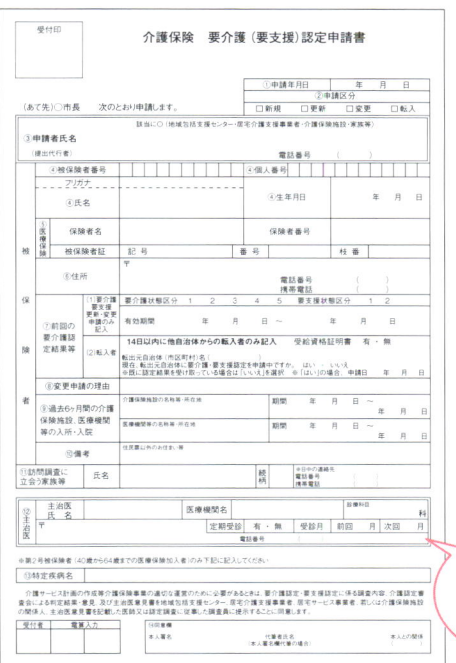

介護保険被保険者証

> 主治医の
> 名前や住所を
> 書く欄が!

代理で
申請することも
できますヨ

要介護（要支援）認定の申請は、家族や親族、成年後見人でも可能です。それが難しい場合は、地域包括支援センターやケアマネジャー、民生委員などにも代行申請を頼めます。

見当たらなければ
再発行も
できますヨ

介護保険被保険者証を紛失したときは、再発行してもらえます。本人が住んでいる市（区）町村の介護保険担当窓口へ電話をして、再発行申請の方法を教えてもらいましょう。

基本チェックリストとは？

▶ 役場などで渡され、本人か代理の人が記入する

役場や地域包括支援センターで渡され、本人が日常生活や運動機能、栄養状態、心の状態などに関する25の質問に答え、衰えている機能などがないかをチェックします。**介護保険サービスが必要そうであれば要介護（要支援）認定の申請を勧められます。**

回答者は原則本人
本人が自署できない場合には、本人承諾のうえ代理人による代筆が可能です。

支援の内容との関係
各質問の内容と結びつく支援のポイントは左側に記したとおりです。

基本チェックリスト（例）

No.	質問項目	回答（いずれかに〇をお付け下さい）	
1	バスや電車で1人で外出していますか	0.はい	1.いいえ
2	日用品の買い物をしていますか	0.はい	1.いいえ
3	預貯金の出し入れをしていますか	0.はい	1.いいえ
4	友人の家を訪ねていますか	0.はい	1.いいえ
5	家族や友人の相談にのっていますか	0.はい	1.いいえ
6	階段を手すりや壁をつたわらずに昇っていますか	0.はい	1.いいえ
7	椅子に座った状態から何もつかまらずにたちあがっていますか	0.はい	1.いいえ
8	15分くらい続けて歩いていますか	1.はい	0.いいえ
9	この1年間に転んだことがありますか	1.はい	0.いいえ
10	転倒に対する不安は大きいですか	1.はい	0.いいえ
11	6カ月間で2～3kg以上の体重減少がありましたか	1.はい	0.いいえ
12	身長　　cm　体重　kg（BMI＝　　）（注）		
13	半年前に比べて固いものが食べにくくなりましたか	1.はい	0.いいえ
14	お茶や汁物等でむせることはありますか	1.はい	0.いいえ
15	口の渇きが気になりますか	1.はい	0.いいえ
16	週に1回以上は外出していますか	0.はい	1.いいえ
17	昨年と比べて外出の回数が減っていますか	1.はい	0.いいえ
18	周りの人から「いつも同じことを聞く」などの物忘れがあるといわれますか	1.はい	0.いいえ
19	自分で電話番号を調べて、電話をかけることをしていますか	0.はい	1.いいえ
20	今日が何月何日かわからない時がありますか	1.はい	0.いいえ
21	（ここ2週間）毎日の生活に充実感がない	1.はい	0.いいえ
22	（ここ2週間）これまで楽しんでやれていたことが楽しめなくなった	1.はい	0.いいえ
23	（ここ2週間）以前は楽にできていたことが今ではおっくうに感じられる	1.はい	0.いいえ
24	（ここ2週間）自分が役に立つ人間だと思えない	1.はい	0.いいえ
25	（ここ2週間）わけもなく疲れたような感じがする	1.はい	0.いいえ

左側の支援ポイント区分：
- 運動（6〜10）
- 栄養（11〜12）
- 口腔（13〜15）
- 閉じこもり（16〜17）
- 認知（18〜20）
- うつ（21〜25）

（注）BMI（＝体重（kg）÷身長（m）÷身長（m））が18.5未満の場合に該当とする。

▶ 基本チェックリストの内容次第で市（区）町村が 独自に行う「総合事業」の利用がすぐできる

要介護（要支援）認定の申請をしなくても、基本チェックリストの基準に該当する人はヘルパーによる生活援助（居室やトイレ・お風呂の清掃など）やデイサービスなどを市（区）町村が独自に行う「総合事業」の枠で利用できます。**要介護（要支援）認定を受ける場合より早くサービスが開始され、すぐ使えるという利点があります。**

地域包括支援センター

保健師　　主任ケア　　社会福祉士
　　　　　マネジャー

「総合事業」の窓口となるのが 地域包括支援センター

基本チェックリストの基準に該当する人と、要介護（要支援）認定の申請で要支援となった人が利用できる「総合事業」（市（区）町村が独自に行う）は地域包括支援センターが窓口です。主任ケアマネジャー、社会福祉士、保健師などがサポートしてくれます。

主な業務

- 要介護（要支援）認定の申請代行
- 介護保険の相談窓口
- 要支援の人への介護予防事業（ケアプラン作成）
- 介護予防事業の利用窓口

  要介護（要支援）認定で「自立（非該当）」だった人などを対象に、市（区）町村が行う介護予防事業への参加を案内しています。

- 高齢者の暮らし全般の相談窓口

  介護に関することだけでなく、高齢者の生活上のさまざまな相談にのっています。

申請書とは？

▶ 要介護（要支援）認定の申請をするのに必要な用紙 主治医の情報を書く欄もアリ！

要介護（要支援）認定申請書は、介護保険担当窓口に置いてあります。**わからない点は役場の担当者に教えてもらいましょう。**主治医を記入する欄もあるので、情報を控えておくとスムーズです。申請書をホームページからダウンロードできる市（区）町村も多いので、印刷して家で記入して持参してもよいでしょう。

被保険者番号
介護保険証を見て記入します。

介 護 保 険 被 保 険 者 証	
番号	
住所	
フリガナ	
氏名	
生年月日	明治・大正・昭和　　年　月　日　男・女
交付年月日	令和　　年　月　日
保険者番号並びに保険者の名称及び印	○○市　　印

本人の情報
氏名・生年月日・住所・電話番号・個人番号（マイナンバー）などを記入します。

介護者の連絡先
訪問調査（→36ページ）に同席する家族の連絡先などを書く場合もあります。

主治医の情報
主治医の氏名や医療機関の所在地（住所）を書く欄があります。あらかじめメモして持っていきましょう。

▼要介護（要支援）認定申請書の例（市（区）町村によって書式は異なります）

介護保険　要介護（要支援）認定申請書

受付印

（あて先）○○市長　　次のとおり申請します。

①申請年月日	年　　月　　日
②申請区分	□新規　□更新　□変更　□転入

③申請者氏名（提出代行者）
該当に○（地域包括支援センター・居宅介護支援事業者・介護保険施設・家族等）
電話番号　（　　　）

④被保険者番号　　　　　　④個人番号

④フリガナ
④氏名　　　　　　④生年月日　　年　月　日

⑤医療保険
保険者名　　　　　保険者番号
被保険者証　記号　　　番号　　　枝番
⑥住所　〒　　　　　電話番号（　　　）　携帯電話（　　　）

⑦前回の要介護認定結果等
- （1）要介護・要支援更新・変更申請のみ記入：要介護状態区分　1　2　3　4　5　要支援状態区分　1　2　　有効期間　年　月　日〜　年　月　日
- 14日以内に他自治体からの転入者のみ記入　受給資格証明書　有・無
- （2）転入者：転出元自治体（市区町村）名（　）　現在、転出元自治体に要介護・要支援認定を申請中ですか。　はい・いいえ　※既に認定結果を受け取っている場合は「いいえ」を選択　※「はい」の場合、申請日　年　月　日

⑧変更申請の理由

⑨過去6ヶ月間の介護保険施設、医療機関等の入所・入院
- 介護保険施設の名称等・所在地　期間　年　月　日〜　年　月　日
- 医療機関等の名称等・所在地　期間　年　月　日〜　年　月　日

⑩備考：住民票以外のお住まい等

⑪訪問調査に立会う家族等　氏名　　　続柄　　　※日中の連絡先　電話番号（　　）　携帯電話（　　）

⑫主治医　氏名　　　医療機関名　　　診療科目　　科　　〒　　　定期受診　有・無　受診月　前回　月　次回　月　　電話番号（　　）

※第2号被保険者（40歳から64歳までの医療保険加入者）のみ下記に記入してください

⑬特定疾病名

介護サービス計画の作成等介護保険事業の適切な運営のために必要があるときは、要介護認定・要支援認定に係る調査内容、介護認定審査会による判定結果・意見、及び主治医意見書を地域包括支援センター、居宅介護支援事業者、居宅サービス事業者、若しくは介護保険施設の関係人、主治医意見書を記載した医師又は認定調査業務に従事した調査員に提示することに同意します。

受付者	電算入力	⑭同意欄		
		本人署名	代筆者氏名（本人署名欄代筆の場合）	本人との関係

▶ 訪問調査に立ち会う人の記入欄もある

訪問調査では、本人からの聞き取りが基本ですが、本人のことをよく知っている家族も同席するとスムーズです。家族などが立ち会える場合、訪問調査の日程の相談などができるよう、申請書には日中連絡のつく連絡先を記入します。

▶ 主治医を決めて情報をメモしておく

要介護（要支援）認定の申請には、本人の心身の状況などについて、主治医（かかりつけの医師）に意見書を作成してもらう必要があります。市（区）町村の担当窓口から直接医師に依頼をしますので、申請書にはかかりつけ医の連絡先などの情報を記入します。

申請書に記入する主治医（かかりつけ医師）の情報

□主治医の氏名　　　　　　　□医療機関の所在地
□医療機関の名称　　　　　　□医療機関の電話番号

受診するときのポイント

要介護（要支援）認定に際しては、申請書に記入した「主治医」に役場より「意見書の作成」が依頼されます。**意見書を書いてもらう医師は、日頃から申請者の全身の状態を把握しているかかりつけ医が適しています。**申請書の主治医の欄に医師の名前を書く前に、一言「介護保険を利用するため、主治医をお願いしたい」と伝えるとよいでしょう。

主治医には「かかりつけ医」を選ぶ

かかりつけ医とは、健康に関することを何でも相談できたり、必要に応じて専門医を紹介してくれたりする、身近で頼りになる医師のことです。要介護（要支援）認定の申請に限らず、いざという時のためにかかりつけ医を決めるほか、かかりつけ医の情報を家族も把握しておくと安心です。

医師を紹介してもらえますか？

市（区）町村に医師を紹介してもらうこともOK

転居してきたばかりでかかりつけ医がいないなどの場合は、市（区）町村で紹介してもらえることがあるので、介護保険担当窓口に相談してみましょう。受診の際は、要介護（要支援）認定の申請を予定していることを伝えます。

認知機能検査の例

- 今日は何年何月何日ですか？
- これから言う数字を逆から言ってください。「6・8・2」「3・5・2・9」
- 知っている野菜の名前をできるだけ言ってください。

など

「認知機能検査」を行うことも

診察では簡単な認知機能の検査を行うことがあります。認知機能の低下も初期段階は本人はもちろん家族も気づきにくいものなので、心配な場合には、早めに専門医に受診したほうがよいでしょう。

「意見書」は判定で考慮される

意見書は、どのくらいの介護が必要かを確認するための資料です。意見書の内容は、基本的に要介護（要支援）認定の判定時に考慮されます。また、認定後もケアプラン作成の際、参考にする場合もあります。

② 訪問調査（認定調査）を受ける

▶ 自宅に訪問調査員がやってくる

訪問調査は、原則として要介護（要支援）認定の申請をした後、市（区）町村の訪問調査員が本人の自宅に訪れて行われます。**全国共通の認定調査票をもとに心身の状況に関する聞き取り調査を本人に行います。**調査にかかる時間は、1時間前後です。本人だけでなく、できれば家族も立ち会い、普段の介護を通じて不安に思っていることなども本人を傷つけないように工夫して伝えるとよいでしょう。

▶ 調査の日程は事前に
訪問調査員と相談して

事前に訪問調査員から連絡がありますので、相談しながら日程を決めます。本人の都合のよい時間帯や、立ち会う家族の予定などを考えた上で決めましょう。訪問調査員の氏名と連絡先も控えておきましょう。

▶ あらかじめメモを
しておくと安心

訪問調査にかかる時間は1時間前後です。緊張や不安でとっさに質問に答えられなかったり、言い忘れたりすることも考えられます。以下のポイントを含め、伝えたいことを整理してあらかじめメモしておくと安心です。

- 過去の病気やけが、その時期
- 普段の介護の状況や様子
- 介護にかかわる家族の状況
- 日常生活で困っていること
- 季節や時間帯によって心身の状態がどう変わるか

▶ 訪問調査のときは
普段通り正直に

訪問調査員の質問に対して、普段できていないことを「できる」と答えてしまうと、正確な判定ができなくなってしまいます。**できること・できないことを正直に答えるようにし、**無理せず普段通りの様子を見てもらいましょう。

▶ 立ち会いは、日程を
調整して参加する

訪問調査当日は、**できれば本人だけではなく家族も立ち会いましょう。**本人と家族の間に認識のズレがあった場合、家族が同席していればそれを正すことができます。また、介護で困っていることを伝えることもできます。

▶ 更新時にも
訪問調査を受ける

高齢者の心身の状態は変わりやすく、要介護（要支援）度もその状態に応じて変化していきます。そのため**要介護（要支援）認定には有効期間が設けられています。**

通常、有効期限が切れる前に更新手続きが行われますが、そのたびに訪問調査も実施されます。更新時の訪問調査では、前回の調査のときから変化したことを中心に伝えるとよいでしょう。

訪問調査で聞かれること

訪問調査は「認定調査」とも呼ばれ、要介護（要支援）度を公正に判断するため、全国共通の「認定調査票」をもとに聞き取りを行います。訪問調査員は項目ごとに状態の評価をしていきます。以下に主な項目を挙げておきます。

身体・動作について

- 手や足にまひがありますか
- 自分で寝返りができますか
- 寝ている状態から上半身を起こすことができますか
- 座ったままの姿勢を保つことができますか
- 片足で立っていられますか

生活機能について

- 食べ物を飲み込むときに、のどにつかえますか
- 誰の手も借りずに排尿・排便ができますか
- 自分で歯磨きができますか
- 誰の手も借りずに着替えができますか

家族が介護で困っていることがあるなどの場合は別途「特記事項」として記入します。

社会生活について

- 薬を自分で飲めますか
- 自分でお金の管理ができますか
- 買い物は問題なくできますか
- 簡単な料理は作れますか
- 集団にうまく溶け込めますか

認知機能について

- 自分が思っていることを相手に伝えられますか
- 外出して家に帰れなくなることがありますか
- 毎日の日課を理解できますか

精神状態や行動について

- 物を盗られたなどと思うことがありますか
- 泣いたり笑ったりと感情が不安定になることがありますか
- いろいろなものを集めたり、無断でもってきたりすることはありますか

最近受けた医療について

- 点滴を受けましたか
- 人工透析を受けましたか
- 痛みの軽減処置を受けましたか
- 床ずれ（じょくそう）の治療を受けましたか

訪問調査にまつわる知っ得情報

本人と家族との打ち合わせはしっかり！

訪問調査では、体裁やプライドを気にする必要はありません。調査員の前で無理にがんばらないこと、できることとできないことを正直に伝えることなどを、本人と家族とで確認しておきましょう。

立ち会いをする家族は本人の心情に配慮して

本人は自分のことを調査されるとなると、緊張してしまうものです。訪問調査に立ち会う家族は、そのような本人の心情を理解し、以下のようなことに気をつけましょう。

- ●本人より先に答えないようにする。
- ●心身の状態が、季節や時間帯によって異なることがあれば、補足して伝える。
- ●本人の前で言いにくいことは、メモに書いて調査員に渡す。
- ●日頃の様子を書いた日誌などがあれば、資料として活用する。

訪問の瞬間から
調査は始まっている

訪問調査員は、調査項目を逐一質問するわけではありません。訪問した瞬間から、本人の動作や受け答え、生活ぶりなどを観察していて、わざわざ質問しなくても調査票に記入していきます。ありのままを見てもらえるように心がけましょう。

〈調査時〉 てき ぱき

〈普段〉 ぼーー

いつもと全然違ったわ…

再調査をしてもらうことも可能

本人が張り切りすぎて普段通りの様子を見てもらえないと、必要な介護が受けられないことにもつながります。あまりにも普段と違う様子だったり、訪問調査後に急に状態が大きく変わったりしたときは、再調査を依頼しましょう。

認定調査票の
コピーをもらうことも可能

認定調査票に書かれた内容は個人情報です。本人にはその内容を知る権利がありますし、その時点での本人の記録なので、今後の参考にもなるでしょう。希望する場合は、認定調査票のコピーをもらえる市（区）町村もあります。

認定調査票

3 要介護（要支援）認定の通知が届く

▶ 通知書には認定の理由と有効期間が示されている

一次判定、二次判定を経て、申請から約30日後、要介護（要支援）認定結果通知書が届きます。要介護（要支援）度は、この通知書で確認します。

通知書には、認定結果とその理由、認定の有効期間などが記載されています。初めての認定の場合、有効期間は原則として6か月（更新時は原則12か月／最長48か月）です。要介護（要支援）認定の申請をした日が認定の発効日となります。

▼要介護（要支援）認定結果通知書（例）

介護保険　要介護認定・要支援認定結果通知書

〒　－　　　　　　　　　　　　様　　　　　　　　　　第　　号
　　　　　　　　　　　　　　　　　　　　　　　　年　　月　　日
　　　　　　　　　　　　　　　　　　　　　　　　　　　　印

　　年　　月　　日あなたが行った要介護認定・要支援認定の申請について、介護認定審査会において次のとおり審査判定されましたので、認定し通知します。

| 被保険者番号 | | | | | | | 被保険者氏名 | |

認定結果

理由

「要介護」及び「要支援」の場合、その認定機関等

| 認定の有効期間 | 　年　月　日から　　　年　月　日まで |

- 要支援と認定された方は、被保険者証を　　　　課に提出してください。ただし、既に被保険者証を提出されている方は、不要です。
- 認定の有効期間内であっても、状態の変化等により状態区分の変更をする場合があります。また、認定変更の申請をすることもできます。
- 認定の有効期間の満了後においても要介護・要支援状態に該当すると見込まれるときは、認定の有効期間の満了の日の60日前から認定の更新の申請をすることができます。
- サービスの種類の認定を受けた場合は、状態の変化等により種類の変更の申請をすることができます。
- 介護認定審査会の意見として、サービスの適切かつ有効な利用等に関しての留意事項がある場合には、被保険者証に記載してあります。

　問い合わせ先　　　　○○課　　住所　　　電話番号

　不服の申し立て
　　この通知書について不服があるときは、この通知書を受け取った日の翌日から起算して60日以内に○○県介護保険審査会に審査請求をすることができます。
　　住所　　　電話番号

▼介護保険被保険者証（2ページ目）

	（二）
要介護状態区分等	
認定年月日 （事業対象者の場合は、基本チェックリスト実施日）	令和　年　月　日
認定の有効期間	令和　年　月　日〜 　　令和　年　月　日
居宅サービス等	区分支給限度基準額 令和　年　月　日〜 　　令和　年　月　日 1月当たり
（うち種類支給限度基準額）	サービスの種類／種類支給限度基準額
認定審査会の意見及びサービスの種類の指定	

認定結果が記載された被保険者証

要介護（要支援）認定の申請をしたときに提出した、介護保険被保険者証も一緒に送られてきます。要介護状態区分や有効期間が記載されています。

　※印を省略する市（区）町村もあります。

認定結果が出る前でもサービスが利用できる場合も

介護者が入院してしまった…

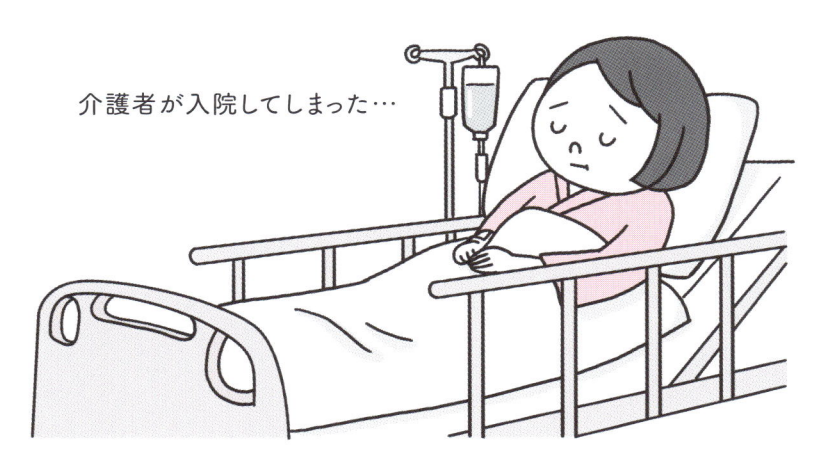

介護する家族がけがをしたり病気になったりしたら

本人の心身状態あるいは家族の状況などによって、結果を受け取るまでサービス利用開始を待てないという場合、結果が通知される前でも介護保険のサービスを受けられる制度があります。どのくらいの要介護（要支援）度になるかを予想して、仮のサービス利用計画にあたる「暫定ケアプラン」を作成してもらうことで、認定前でも申請をした日にさかのぼって利用できるという制度です。

注意 ただし、認定の結果によっては自己負担額が増えることも

認定前なので、実際に認定された要介護（要支援）度が予想より低かった場合は、サービスを利用できる範囲がせばまってしまい、自己負担額が高くなる可能性もあります。また、申請日から「暫定ケアプラン」を利用していて、認定調査の前に本人が亡くなってしまった場合も介護保険が適用されず全額自己負担となります。

認定の通知にまつわる知っ得情報

来たわ

認定の通知は
郵送されてくる

通知書は、原則として本人の住所に送られます。本人が入院中、寝たきり、書類の管理ができないなどの場合は、代理人の住所に送ってもらうことも可能です。その際は、申請をするときに「送付先変更届」を提出しておきます。

再審査の申し立てが可能

認定結果に不満がある場合は、見直してもらうことができます。まず市（区）町村の介護保険担当窓口に連絡して説明を受けましょう。それでも納得できなければ、認定結果の通知を受け取ってから60日以内に、都道府県に設置されている「介護保険審査会」に、市（区）町村の介護保険担当窓口を通して「不服の申し立て（審査請求）」をすることができます。

ただし、必ずしも主張が認められるとは限りません。ひとまず認定結果を受け入れ介護保険サービスを利用し、更新のタイミングで改めて実情を訴えるのも現実的です。

更新や変更の手続きを忘れずに！

要介護（要支援）認定は自動更新ではありません。有効期間が切れると、サービス利用料は全額自己負担になります。引き続き介護保険サービスを利用するには、更新手続きが必要です。

●更新

介護保険サービスを継続して利用したい場合は、有効期間満了日の30日前までに、市（区）町村の介護保険担当窓口で更新手続きを行います。更新手続きは、有効期間満了日の60日前から行うことができます。

●変更

本人の心身の状態が変化し、要介護（要支援）度と健康状態が合わなくなった場合は、有効期間の途中でも、要介護（要支援）度の変更を申請することができます。ケアマネジャーに相談しましょう。

●転居

介護保険制度は、市（区）町村ごとに運営しています。異なる市（区）町村に転居した場合は、住民票を移すほか、転入した日から14日以内に、介護保険担当窓口で、認定を引き継ぐための手続きを行いましょう。代理人による申請の場合、委任状が必要になることもあるので、あらかじめ確認しましょう。有効期間内であれば、原則転居前と同じ要介護（要支援）度で介護保険サービスが受けられます。

更新
したいわね

更新は本人または代理人が手続きする

要介護（要支援）認定の申請をしたときと同様、本人または家族などの代理人が更新の手続きを行います。介護保険サービスを利用している間はケアマネジャーと契約（→50ページ）しているので、ほとんどの場合、担当のケアマネジャーが申請を代行してくれます。

ケアマネージャーさん
お願いします

要介護（要支援）度とサービス利用の範囲

▶ 要介護（要支援）度によってサービスの利用範囲が違う

要支援1・2、要介護1～5と認定された人は、介護保険サービスを利用することができます。自立（非該当）と認定された場合は利用できません。サービスを利用できる範囲（支給限度額）は、要介護（要支援）度によって異なります。たとえば「要介護2」と認定された場合、19,705単位分介護保険サービスが利用できることになります。

自立（非該当）	要支援1	要支援2	要介護1
日常生活の基本的動作を自分で行うことができ、社会的支援を必要としない状態。	日常生活の基本的動作は、ほぼ自分で行うことができるが、現状を改善し、要介護状態の予防のために少しの支援が必要な状態。	日常生活に何らかの支援が必要だが、その支援により要介護にはならず、改善する可能性が高い状態。	立ち上がりや歩行などに不安定さが見られることが多く、日常生活に部分的な介護が必要な状態。
居宅サービスの支給限度額（1か月あたり）	5,032単位	10,531単位	16,765単位

※自立（非該当）～要介護5までの状態は、おおまかな目安です。

非該当（自立）は介護保険サービスが使えない

「自立（非該当）」と認定された場合は、介護保険サービスの利用はできませんが、市（区）町村が行っている介護予防のためのサービスなどが利用できる場合があります。地域包括支援センターに相談してみましょう。また、基本チェックリストの結果によっては総合事業のサービスが使える場合もあります。

「単位」とは？

介護保険サービス利用料や支給限度額は、「△△を1回利用したら××円」ではなく、全国一律の「○○単位」を基に表されます。物価や人件費は地域によって差があるため、1単位をいくらにするかは、地域や利用するサービスの種類によって変わります。通常は「1単位」は「10円」ですが、東京23区では、1単位11.40円で算出されます。

通常は1単位約10円なのね

要介護2	要介護3	要介護4	要介護5
立ち上がりや歩行などが自力でできない場合が多く、排泄や入浴などに部分的な介護が必要な状態。	立ち上がりや歩行、排泄や入浴、衣服の着脱などに、ほぼ全面的な介護が必要な状態。	日常の生活全般にわたり動作能力がいっそう低下し、介護なしでは日常生活を営むことが困難な状態。	生活全般に全面的な介助が必要で、介護なしでは日常生活を営むことがほとんど不可能な状態。
19,705単位	27,048単位	30,938単位	36,217単位

※居宅サービスの居宅療養管理指導（→80ページ）、特定福祉用具販売（→84ページ）や、住宅改修（→86ページ）などは支給限度額の枠外で利用できます。

※支給限度額を超えて、サービスを使うこともできますが、限度額を超えた分は全額自己負担となります。

「利用料（自己負担割合）」とは？

要介護（要支援）度によって定められた限度枠の中で介護保険サービスを利用した場合、費用の一部は「利用料」として、介護保険料とは別に支払う必要があります。かかった費用の何割を負担するかは、本人の経済状況により1割・2割（現役なみの所得あり）・3割（それ以上の所得あり）のいずれかに認定されます。

サービス利用を開始するための「3K」

▶ 介護保険サービスを利用するために

介護保険サービスを利用するには、**信頼できるケアマネジャーを見つけ、ケアプランを作成し、サービス事業者と契約をする必要があります。**介護保険サービスに必要な3つの「K」を知っておきましょう。

ケ アマネジャーを選ぶ

ケアマネジャー（介護支援専門員）は、介護の知識を幅広くもった専門家です。介護保険サービスを利用する上での、窓口・調整役です。ケアプランを立てたり、サービス事業者への連絡をしたりします。

ケアプランを作成する

ケアプランとは、課題や目標を明確にして、どのような介護保険サービスをいつ、どれだけ利用するかを決めてまとめた計画のことです。ケアマネジャーが本人と家族の状況を聞き取って、ケアプランの原案を作成します。

サービス事業者といやくする

ケアプランの原案に本人と家族、介護関係者が同意すればケアプランの完成です。ケアプランに基づき、介護保険サービスを提供する事業者と、サービスごとに契約を結ぶことで、サービスが利用できるようになります。

4 ケアマネジャーと契約する

▶ ケアマネジャーは最も身近な相談相手

ケアマネジャーは、介護などの手助けが必要な人が最適な支援を受けられるように、ケアプランを作成する役割を担っています。市（区）町村のサービス事業者や主治医などとも連携し、サービスを受ける人本人や家族の相談にも乗ってくれる心強い存在です。不安なことや困ったことなども気軽に話せて本人や家族のこともわかってくれる、信頼できる相性のよいケアマネジャーを選びましょう。

相談

ケアプラン

▶ 市（区）町村の口コミ などを参考に

ケアマネジャーの多くは、居宅介護支援事業者に所属しています。要介護（要支援）認定の通知書と一緒に、市（区）町村から居宅介護支援事業者のリストが送られてきますので、紹介してもらいましょう。また、地域包括支援センターや在宅介護支援センター（老人介護支援センター）でも情報を提供してもらえます。ご近所で評判のよいケアマネジャーを紹介してもらうのもよいでしょう。

選ぶポイント

◆ 仕事ぶりは？
- 話をしっかり聞いてくれるか
- 説明はわかりやすいか
- 知識や情報を豊富にもっているか
- 対応は迅速か

介護保険のサービスを快適に利用できるかどうかを左右する重要なポイントです。

◆ 勤務状況は？
- 常勤か、非常勤か
- 専任か、介護職員との兼任か
- どのくらいの担当をもっているか

忙しすぎる人だと連絡がつきにくく、きめ細かい対応は難しいことも。

◆ 資格・職歴は？
ケアマネジャーの多くは医療や福祉の仕事に就いていた人です。以前の仕事の経験が活かされることが期待できます。

◆ いつでも対応可能か？
- 土日も対応してくれるか
- 24時間の相談体制があるか

ケアマネジャーの所属する居宅介護支援事業者を含めいつでも相談できる体制が整っていると安心です。

▶ ケアマネジャーの費用は 自己負担なし

ケアマネジャーの仕事でかかった費用は、介護保険から全額が支払われます。自己負担はありません。

▶ 選んだら契約！

ケアマネジャーを決めたら、所属事業者と「居宅介護支援」についての契約を結びます。居宅介護支援とは、ケアマネジャーが行う一連の支援業務（ケアマネジメント）のことです。

契約時の書類

1.重要事項説明書
事業者の概要、サービス内容、利用料（原則かかりません）、秘密保持、苦情等への対応などについて記されています。内容に納得できたら、説明を受けた証拠として署名・捺印し、本人と事業者が1通ずつ保管します。

2.契約書
契約の目的、期間、サービス内容、解約に関する取り決めなどを記したものです。本人と事業者の双方が署名・捺印して1通ずつ保管します。

3.個人情報に関する同意書※
事業者が業務に必要な範囲内で個人情報を利用することを認めるかどうかについての書類です。本人が署名・捺印します。

※ケアマネジャーが役割を十分に果たすためには、本人の生活状況を知り、そこで得た個人情報を業務に活用する必要があります。そこで、事業者は個人情報の使用目的を明確にして、本人の同意を求めます。ケアマネジャーをはじめ事業者が無断で本人の個人情報を使用することは法律で禁じられています。

ケアマネジャーにまつわる知っ得情報

契約のときは家族も参加して

介護保険サービスを利用するのは高齢者であるため、契約書類には代理人の書名や緊急連絡先の記入欄が設けられていることがあります。居宅介護支援事業者やサービス事業者などと契約を結ぶときは、家族も参加して記入できるようにしておくとよいでしょう。

ケアマネジャーは変更することも可能

もし、ケアマネジャーとの相性がよくない、信頼できないという場合には、事業者内で別のケアマネジャーに担当してもらうか、事業者そのものを変更することもできます。契約した後でも、変更は可能です。解約料もかかりません。万が一のために契約書をしっかり確認しておきましょう。

別の人にしてもらう？

信頼できるケアマネジャーとは

一番近くでサポートをしてくれる存在だからこそ、ケアマネジャーとは信頼関係を築きたいものです。よいケアマネジャーのポイントを紹介します。

包み隠さず話ができる

生活全般をサポートしてもらうためには、隠しごとがあるのはデメリット。何でも話せる関係になれそうかどうか考えましょう。

話をよく聞いてくれる

細かい要望やささいな不安でも、よく聞いてくれる人だと安心です。本人や家族の話を聞いてこそ最適な提案も可能だからです。

途中で確認してくれる

介護保険サービスなどの仕組みは複雑です。一度説明を受けても全部を理解するのは難しいもの。「わからないことはありますか？」などとこまめに確認してくれる人だと安心です。

気持ちの変化に気づいてくれる

時の経過や季節などによって心身の状態が変化することもあります。そこに気づき、寄り添ってくれたり新たな提案をしてくれたりする人がよいでしょう。

5 ケアプランを作成する

▶ ケアマネジャーが、本人や家族の話を聞き取り、原案を作成する

ケアプランとは、その人が抱える課題や目標を明確にし、どうしたらその人が自分らしく、自分でできる範囲を維持・向上させながら生活していけるか、そのためにはどのようなサービスや助力が必要かをまとめた、介護の計画書のことです。ケアプランを作成するにあたり、ケアマネジャーは介護を受ける本人と、可能であればその家族に、不安に思っていることや困っていることを聞いてくれます。よりよいケアプランにしていくために、困りごとや悩みは遠慮しないでケアマネジャーに聞いてもらいましょう。

▶ ケアマネジャーに伝えること

ケアマネジャーが本人と家族に直接話を聞くことを「アセスメント」といいます。アセスメントは本人にとってベストなケアプランを作成するために必要なことです。よいケアプランを立ててもらうために、現在の状態や要望をしっかり伝えましょう。以下のポイントを参考にして考えてみるとよいでしょう。それでも伝えたりない、何が困りごとかわからない場合は、正直に話してみるのもよいでしょう。

伝えるポイント

- 利用者本人の心身の状態
- 介護で重点を置きたいところ
- 介護保険サービスに期待すること
- 家族内での介護態勢
- 本人や家族が希望する生活の在り方
- 介護保険サービスに使える予算

しっかり伝えることがよいケアプランにつながります

▶ ケアプランは本人や家族が作ってもOK

ケアプランを作成するには、サービス事業者との交渉などがあるため、通常はケアマネジャーに依頼します。しかし、自分自身や家族だけで相談しながらケアプランを作りたいというときは、それでも認められます。
その場合は市（区）町村の介護保険担当窓口に届け出ることが必要です。お住まいの市（区）町村の窓口に問い合わせてみてください。

▶ ケアマネジャーは中立・公平な立場でサポート

ケアマネジャーは公平・公正・中立な立場にあり、正当な理由がなく自分が所属するサービス事業者を利用するように勧誘することは、望ましくないとされています。
もちろん結果として本人が選んだのがそのサービス事業者である場合は問題ありません。

ケアプラン原案を検討する

（ケアプラン原案の例）

第3表	週間サービス計画書

利用者名 ○○○○ 殿　　　　　　　　令和 ○ 年 △ 月 ×日 作成

		日	月	火	水	木	金	土	主な日常生活上の活動
深夜	0:00								
	2:00								
	4:00								
早朝	6:00								起床 朝食
午前	8:00			訪問介護 (身体1生活2)		訪問介護 (生活3)			掃除・買い物
	10:00								
午後	12:00		通所介護 (入浴あり)		通所介護 (入浴あり)				昼食
	14:00						訪問介護 (身体2)		入浴
	16:00								
夜間	18:00								夕食
	20:00								
深夜	22:00								就寝

週単位以外のサービス	福祉用具貸与（歩行補助杖：4点杖）　受診

料金	7,661円			
内訳	訪問介護　（身体1生活2）	一緒に買い物・食事の準備	384円×3回	1,152円
	（生活3）	掃除	225円×3回	675円
	（身体2）	入浴介助	396円×2回	792円
	通所介護　（通常規模：入浴あり）		706円×7回	4,942円
	福祉用具　歩行補助杖		100円／月	100円

訪問介護

訪問介護を利用して買い物など外出に付き添ってもらう。食事の準備や、やりづらい場所の掃除をしてもらう。

通所介護

通所介護を利用して人との交流を広げる。外出が減り足が弱ってきているので歩行訓練も兼ねる。

福祉用具貸与

現在の杖では歩行が安定しないので、新たに使いやすい杖を借りる。

検討するポイント

ケアプランができあがったら、本人や家族の意向に沿ったものになっているか確認しましょう。

- 本人の状態がよくなりそうか
- 介護者の負担が軽減できそうか
- 無理なく日常生活を続けられそうか
- 経済的な負担が大きすぎないか　など

サービス事業者は本人と家族が決める

「訪問介護」「通所介護」などのサービスをどの事業者に頼むかは、最終的に本人や家族が決めます。どんな方法で、どのような介護をしてもらえるのか、料金などがどのくらいかかるのか納得できるまで聞きましょう。どの事業者を選んでよいかわからない場合は、ケアマネジャーに候補をいくつか提案してもらいましょう。

サービス担当者会議でケアプラン（原案）を検討する

ケアプランの原案を作成したら、ケアマネジャーが介護・医療のサービス担当者を集めて、サービス担当者会議を開催します。よりよいサービスを提供するための意見を出し合い、本人の希望に沿ったサービス内容を検討する会議です。本人や家族も参加して、介護サービスの内容をしっかり確認しましょう。ケアプランの内容や介護にかかわる情報、目標を関係者と共有することで、生活の質の向上に向けて積極的に取り組むことができます。

〈ケアマネジャー〉 〈主治医〉 〈本人と家族などの介護者〉 〈サービス事業者〉

**「ケアマネジャー」「本人と家族などの介護者」
「主治医」「サービス事業者」が同席して相談する。**

基本的に会議の前後に サービス事業者との契約が完了

介護保険のサービスの具体的な内容を話し合うため、原則として会議を開催する前にはサービス事業者との契約が完了しています。（→58ページ）

ケアプランは修正が可能

実際にサービスが始まると、思いがけない問題点が出てくることもあります。そうした場合には、ケアマネジャーと相談しながらプランに修正を加え、調整していきます。なお、ケアプランの実施や変更には本人の同意が必要です。

6 サービス事業者と契約する

▶ 契約したケアマネジャーと相談し、サービス事業者と契約する

介護保険サービスの利用は、本人とサービス事業者とが契約することで成立します。契約は、**事業者ごと、サービス種別ごとに行います**から、1つの事業者から2種類のサービス（たとえば訪問介護サービスと通所介護サービスなど）を提供してもらう場合、契約は2件ということになります。十分に検討してから契約しましょう。契約する前に事業者から提示される「重要事項説明書」を確認し、不明点を曖昧にしないことが大切です。なお、契約書の押印については市（区）町村によって違いますので、契約時に必要かどうか確認しておきましょう。

〈本人の家族〉　　〈ケアマネジャー〉

〈サービス事業者〉

▶「重要事項説明書」の内容を確認する

事業者には、「重要事項説明書」を提示し、提供するサービスの内容を本人にわかりやすく説明する義務があります。事業者選びの段階で、複数の候補がある場合は、それぞれの事業者から説明してもらい、その内容を比較してから決めましょう。

▶ 契約書と重要事項説明書の違いとは？

「契約書」は、本人にサービスを利用するための同意を得るための書類で、「重要事項説明書」は本人側が、本当にこの事業者と契約してもよいかどうかを判断するための書類です。つまり「重要事項説明書」には、契約書よりももっと詳しく、具体的に、わかりやすくサービス内容などが記載してあります。契約を取り交わす前に確認する大切な書類なので、わからない部分は積極的に事業者に聞き、疑問や不安は解決することが大切です。

▶ 契約の書類は複数の目でチェックする

契約書類は、法律用語などに慣れていない人にとっては読みづらいものです。自分たちだけでは心配なときは、ケアマネジャー、地域包括支援センター、民生委員、社会福祉協議会などに相談することができます。認知症の人、視覚障害がある人などは、信頼できる第三者に立ち会ってもらうと安心です。

＼ サービス事業者と契約する ／

契約書の内容を確認しよう

「重要事項説明書」の内容に納得できたら、いよいよ契約です。契約書の書式は事業者によってさまざまですが、内容に偏りがないか、項目ごとに確認します。

項目例（訪問介護）

- 契約の目的
- 契約期間
- 訪問介護計画の決定・変更
- 提供するサービス
  介護保険給付対象サービス
  介護保険給付対象外のサービス
- 訪問介護員の交替
- サービス利用料金
  サービスの単価
  割増や加算
  交通費などの経費の扱い
- 利用の中止・変更・追加
- サービス内容の変更
- 事業者及びサービス従事者の義務
- 守秘義務
- 訪問介護員の禁止行為
- 緊急時の対応
- 損害賠償責任
- 損害賠償がなされない場合
- 契約の終了
- 契約終了に伴う援助
- 契約者からの契約解除
- 事業者からの契約解除
- 苦情や相談への対応

介護保険でできることとできないことが明確か？
訪問介護サービスでは、介護保険の範囲でできるサービスとできないものがあるので確認しましょう。

変更や中止への対応は？
「本人の体調が悪いので、今日はキャンセルしたい」「相性が合わないのでヘルパーを替えてほしい」というときに、どう対応してくれるのか確認しておきましょう。

緊急時の対応は？
本人の体調が急に悪くなったり、事故が起きたりしたときに、適切な対応をしてくれるか確認しましょう。

損害賠償は？
万が一本人が転倒してけがをしたり、ヘルパーが物を壊したりしたとき、事業者はどこまで責任を負ってくれるのか知っておきたいもの。サービス事業者が損害保険に加入しているか確認しましょう。

苦情や相談への対応は？
サービスが始まってみると、多かれ少なかれトラブルが生じるものです。そのような場合、サービス事業者側が、苦情や相談を積極的に受けてサービスの質の向上に努める姿勢があるか、解約するときは、どう対応してくれるのか確認しましょう。

契約内容の例

A事業者で「訪問介護」と「通所介護」、B事業者で「福祉用具貸与」を利用することが決まった場合、それぞれの事業者と契約を交わします。

A事業者と「訪問介護」「通所介護」の契約

それぞれについて「重要事項説明書」を受け取り、説明してもらいます。説明に納得できたら、「契約書」をもらい、内容を確認します。内容に納得できたら各書類に署名・捺印※します。

> 訪問介護と通所介護の
> 2つの契約ですね

B事業者と「福祉用具貸与」の契約

専門相談員のアドバイスを受けつつ、自分の体に合った用具を選び、使用方法などの説明を受けます。福祉用具貸与についての「重要事項説明書」を受け取り、説明を受け納得できたら「契約書」をもらい、内容を確認します。各書類に署名・捺印※します。

> これは
> どうですか？

杖などを直接事業所に行って選ぶことや、ベッドや手すりなどは事業者に来てもらって設置場所にふさわしいものを選んでもらうことも可能です。

要支援の場合は？

▶ 窓口は「地域包括支援センター」

要支援とは、たとえば、食事や排泄など自分自身の身の回りはできるけれど、買い物や掃除などをするには、部分的に多少の支援が必要な状態です。要支援と認定されると、「地域包括支援センター」が窓口となり、サポートしてもらえます。「地域包括支援センター」は市（区）町村が設置主体で、主任ケアマネジャー、保健師、社会福祉士がチームでサポートしてくれます。住民の高齢者の健康の保持や生活の安定のため、必要な援助を行うことで、保健医療の向上や福祉の増進を包括的に支援することを目的としています。主な業務は要介護（要支援）認定の申請代行や、介護保険の相談、要支援の人へのケアプラン作成のほか、一般介護予防事業の相談窓口（自立（非該当）の人などを対象に、市（区）町村が行う交流サロン・通いの場・体操教室などを案内する）などをはじめ、高齢者の生活上のさまざまな相談にも応じてくれるところです。なお、2024年の介護保険の改正により、居宅介護支援事業者に所属するケアマネジャーが要支援のケアプランを作成することも可能になりました。

地域包括支援センター

保健師　　主任ケアマネジャー　　社会福祉士　　デイサービスに…

▶ 今の状態を悪化させない、なるべく自立できるようにサポートする

要支援の人が利用できるサービスの名称には、基本的に「介護予防」が付いていて、状態を今以上に悪化させないこと、なるべく自立できる方向へ支援すること、心身状態を維持・向上させ、要介護状態にならないように予防することが目的です。

ヘルパーが自宅に訪問して入浴の介助や健康チェックなどを行う訪問型、施設に通ってリハビリや食事の提供を受ける通所型、福祉用具のレンタルサービスなどさまざまな介護予防サービスがあります。地域包括支援センターの職員とよく相談し、ケアプランを作成してもらいましょう。

「要支援」で利用できる介護保険サービス

介護予防	支援（ケアプラン）
介護予防	訪問入浴介護
介護予防	訪問看護
介護予防	訪問リハビリテーション
介護予防	居宅療養管理指導
介護予防	通所リハビリテーション
介護予防	短期入所生活介護（療養介護）
介護予防	特定施設入居者生活介護
介護予防	福祉用具貸与（レンタルできる用具の確認が必要）
介護予防	福祉用具貸与[※2]
特定介護予防	福祉用具販売
介護予防	住宅改修
介護予防	小規模多機能型居宅介護[※1]
介護予防	認知症対応型通所介護[※1]
介護予防	認知症対応型共同生活介護[※1]

「要介護」に比べて利用できる範囲が限定されます

※1 市（区）町村に指定・指導監督の権限がある「地域密着型サービス」ですので、原則としてサービス事業者が存在する市（区）町村の被保険者のみが利用できます。また、上記の項目も地域によっては実施していないところもあります。

※2 要支援の人が利用できる「福祉用具貸与」は手すり・スロープ・歩行補助杖・歩行器です（→82ページ）。しかし、本人の状態によってはそれ以外の品目についても利用が認められることがありますので、ケアプラン作成担当者に相談してみましょう。

自立（非該当）の場合は？

▶ 介護保険は利用できない
しかし、地域包括支援センターで相談が可能

自立（非該当）と認定された人は、介護保険サービスは利用できません。介護サービスを利用する場合、費用の全額が自己負担となります。

しかし、地域包括支援センターでは、高齢者の生活全般にかかわる相談を受け付けていますので、自立（非該当）であっても、日常生活で相談したいことや支援が必要なことが生じた場合は対応してくれます。地域包括支援センターは、住み慣れた地域で安心してくらせるように、介護、福祉、医療、保健など、さまざまな面から総合的に支援をしてくれる拠点です。一般介護予防事業として、市（区）町村独自のさまざまな活動を実施しているので、利用してみましょう。

▶ 一般介護予防事業は、すべての高齢者が利用OK

一般介護予防事業は、65歳以上のすべての高齢者が利用できる介護予防サービスです。要介護者の増加を防ぐための内容で、趣味や運動を楽しむ場（交流サロン・趣味のサロン・体操教室など）など、市（区）町村独自のさまざまなサービスが用意されていますので、問い合わせてみましょう。

交流サロン

趣味のサロン

▶ 介護予防・生活支援サービス事業

介護予防・生活支援サービス事業は、要支援1・2の人と、基本チェックリストの該当者が利用することができるサービスです。自立（非該当）に認定されても、基本チェックリストの結果によっては利用できる可能性があるので、問い合わせてみましょう。

体操教室

トラブルが起こった場合に備えて相談窓口を知っておこう

介護保険サービスの利用が始まると、施設や人とのやりとりが増え、時にはさまざまなトラブルに遭遇することもあります。それでなくても、「自分の希望が反映されない」といった当事者の不満、「請求金額に間違いがある」といったサービスに対する苦情のほか、家族が抱える困りごともあるでしょう。そういった問題を個人で抱え込んでしまうとストレスになるばかりか、サービスの改善にもつながりません。介護保険サービスの相談窓口を把握しておき、積極的に利用しましょう。

苦情、相談したいことがあるときは

❶まずはケアマネジャーへ
ケアマネジャーは本人やサービス内容について把握しています。本人や家族の希望を踏まえ、公平・公正な立場で支援することが職務なので、相談内容から困りごとを分析し、有効な解決策を提案してくれるでしょう。

❷❶では難しければ事業者へ
サービスを提供している事業者の担当者と話をするか、施設の窓口に話をします。事業者や施設には窓口の設置と、苦情に対して迅速に適切に処理することが義務づけられているので、遠慮せずに相談しましょう。

❸❷でも難しければ市（区）町村の介護保険課窓口へ
介護保険を運営しているのは市（区）町村なので、介護保険課の担当窓口に相談ができます。相手先（苦情の対象であるサービス事業者）の所在地が別の市（区）町村にある場合などはその市（区）町村に相談します。それでも難しければ都道府県の国民健康保険団体連合会（国保連）に申し立てとなります（介護保険法上のサービスに関することのみ）。

苦情の申し立て方法は

国保連に苦情を申し立てる場合は、電話か面談で相談をしたのち、本人か、家族・ケアマネジャー・民生委員などの代理人が「苦情申立書」に必要事項を記入して提出します（書類はホームページからダウンロード可。「苦情対象事業者の利用期間・申立内容」などを記載し、簡易書留で送付）。申立内容には「いつ」「どこで」「だれに」「何を」「どのように」という事実を、状況がよくわかるように記入しましょう。申立書の受理後、聞き取りの面接などが行われ、申し立てが受理されると事業者等への調査が実施されます。その後、必要に応じて改善点についての指導・助言が行われることになり、その内容が申立人及び市（区）町村に通知されます（受理から概ね60日間で指導助言までが行われます）。匿名による申し立ては不可ですが、事業者に対して名前を伏せることは可能です。

問題は抱え込まずに相談を

郵便はがき

169-8734

料金受取人払郵便

新宿北局承認

646

差出有効期間
2025年11月
30日まで

切手を貼らず
にこのままポ
ストへお入れ
ください。

（受取人）
東京都新宿北郵便局
郵便私書箱第2007号
（東京都渋谷区代々木1−11−1）

U-CAN 学び出版部

愛読者係　行

Ｉ|Ｉｌ·ｉ|ＩｌＩ|ＩｌＩＩ|ｌＩｐ·ｉ·ｉ·ＩｅｌＩｐ·ｉ·ｉ·ｉ·ｉｐ·ｉ·ＩＩＩＩｌＩＩＩｌＩＩ

愛読者カード

介護サービスのトリセツ —介護保険のしくみと使い方＆お金がわかる本—

　ご購読ありがとうございます。読者の皆さまのご意見、ご要望等を今後の企画・編集の参考にしたいと考えております。お手数ですが、下記の質問にお答えいただきますようお願いします。

1. 本書を何でお知りになりましたか？
   a.書店で　　b.インターネットで　　c.知人・友人から
   d.新聞広告（新聞名：　　　　　　）　e.雑誌広告（雑誌名：　　　　　　）
   f.書店内ポスターで　　g.その他（　　　　　　　　　　）

2. 類書の中から本書を購入された理由は何ですか？
   （　　　　　　　　　　　　　　　　　　　　　　　　）

うら面へ続きます

3．本書の内容について
　　①書き込みやすさ　　（a.良い　　　　　　b.ふつう　　　c.悪い）
　　②サイズ　　　　　　（a.ちょうど良い　　b.大きい　　　c.小さい）
　　③情報量　　　　　　（a.ちょうど良い　　b.多い　　　　c.少ない）
　　④価格　　　　　　　（a.安い　　　　　　b.ふつう　　　c.高い）
　　⑤役立ち度　　　　　（a.高い　　　　　　b.ふつう　　　c.低い）
　　⑥本書の良かった点・悪かった点等お気づきの点を自由にお書きください
　　（　　　　　　　　　　　　　　　　　　　　　　　　　　　　　　　）

4．介護職業務について
　　①現在従事されている業務は？
　　　（a.ケアマネジャー　b.サービス提供責任者　c.介護実務　d.その他（　　　　　））
　　②現在お持ちの資格は？
　　　（a.ケアマネジャー　b.介護福祉士　c.ホームヘルパー１級　d.ホームヘルパー２級
　　　e.その他（　　　　　　　　　　　　　　　　　　　　　　　　　　　　　　　））
　　③本書に掲載してほしい事項や、介護や福祉の分野でこんな書籍等があればいいなど、
　　　ご自由にお書きください
　　（　　　　　　　　　　　　　　　　　　　　　　　　　　　　　　　）

5．通信講座の案内資料を無料でお送りします。ご希望の講座の欄に○印
　をおつけください（お好きな講座［2つまで］をお選びください）。

| ケアマネジャー | O7 | 福祉住環境コーディネーター | 6J |
| 介護事務 | 6P | 介護福祉士 | 9i |

住所	〒□□□-□□□□		都道府県			市郡(区)
	アパート、マンション等、名称、部屋番号もお書きください				（	様方）
氏名	フリガナ	電話	市外局番（　　）	市内局番（　　）	番号	
		年齢		歳	（男）・（女）	

Q 9 QQRO＊＊Q1

【ユーキャンは個人情報を厳重に管理します】
お客様の個人情報は、当社の教材・商品の発送やサービスの提供および
アンケート調査のほか、当社および当社が適切と認めた企業・団体等の
商品・サービスに関する当社からの案内等に利用します。

第3章

要介護（要支援）認定が決まったら

要介護（要支援）度によって、
介護保険サービスで受けられる内容は異なります。
この章では、介護保険サービスの内容と
注意点について解説します。

「要介護」で利用できる介護保険サービス

▶ 在宅介護の三本柱は「訪問系」「通所系」「短期入所（ショートステイ）系」

自宅で暮らしている、あるいは「有料老人ホーム（自宅とみなされる※1）」などで暮らしている人が「要介護」と認定されると、食事や入浴の介助（身体介護）や居室の掃除（生活援助）といった「訪問系」、レクリエーションやリハビリに取り組む「通所系」、さらには短期間施設に宿泊する「ショートステイ系」などのサービスが、介護保険で利用できるようになります。なお、特別養護老人ホームや介護医療院などの「介護保険施設※2」に入所している人には、介護保険の「施設サービス」が提供されます。

在宅介護のサービス

ケアプラン作成 契約したケアマネジャーが中心となって作成してくれます。

訪問系

訪問介護→70ページへ

訪問入浴介護→74ページへ

訪問看護→76ページへ

訪問リハビリテーション→78ページへ

居宅療養管理指導→80ページへ

福祉用具貸与→82ページへ

特定福祉用具販売→84ページへ

住宅改修→86ページへ

●定期巡回・随時対応型訪問介護看護→88ページへ

●夜間対応型訪問介護→90ページへ

通所系

通所介護→114ページへ

通所リハビリテーション→118ページへ

●認知症対応型通所介護→124ページへ

短期入所系

短期入所生活介護
短期入所療養介護→120ページへ

訪問・通所・短期入所の複合型

●小規模多機能型居宅介護→92ページへ

●看護小規模多機能型居宅介護（複合型サービス）→94ページへ

●印のついているサービスは「地域密着型サービス」です。原則として事業者がある市（区）町村の住人だけが利用できます。サービスを実施していない市（区）町村もあります。

ニーズに合わせて
いろいろなサービスが
あるのね…

なるほど…

施設で暮らしながら受けられるサービス

ケアプラン作成[3]

● 特定施設入居者生活介護
（有料老人ホームなど）→130ページへ

● 認知症対応型共同生活介護
（グループホーム）→134ページへ

[3]ケアプランは施設のケアマネジャーが作成してくれます。

自宅での生活が困難な場合は施設に入居して 施設サービス を利用

介護保険施設に入居する

介護老人福祉施設（特別養護老人ホーム）→138ページへ

介護老人保健施設→139ページへ

介護医療院→139ページへ

これなら
安心！

[1]有料老人ホームやグループホームは「居宅」と位置づけられ、そこで提供される介護保険サービスは、自宅で受けるのと同じような扱いになります。

[2]介護保険施設とは
①特別養護老人ホーム（特養）
②介護老人保健施設（老健）
③介護医療院
の3種です。

訪問介護

▶ 主に「身体介護」と「生活援助」がある

訪問介護とは、ヘルパーや介護福祉士が直接自宅を訪問して、**日常生活の援助を行うサービス**です。食事、排泄、入浴など身体に直接触れて行うなどの「身体介護」や、調理、洗濯、掃除など身の回りの世話をするなどの「生活援助」があります。

「身体介護」の例

- 排泄（トイレまでの移動見守り、本人が自分で行う場合の見守り、清潔介助、ポータブルトイレ利用の環境整備、おむつ交換など）
- 食事（安全確認、摂食介助、嚥下困難者のための流動食の調理、本人といっしょに手助けや声かけを行いながら行う調理など）
- 服薬（促し、見守りなど）
- 清拭（全身を拭く）
- 部分浴・全身浴
- 洗髪

- 洗面（歯磨き、洗顔など）
- 身体整容（爪切り、耳掃除、髭の手入れなど）
- 着替え
- 体位変換（寝たきりの人などに対して体の向きを変えるなど）
- 移動・外出・通院の介助
- 掃除・整理整頓などの介助（本人といっしょに手助けや見守りをしながら行う）

「生活援助」の例

※1人暮らしや同居している家族が病気のときなど、身近に頼める人がいない場合に利用します。

- 環境整備（換気、室温、日当たりの調整など）
- 掃除（居室内、トイレなどの掃除、ゴミ出しなど）
- 洗濯（洗濯、物干し、取り入れ、収納など）
- 衣類の整理（衣替え、服の補修など）
- 調理、配下膳（配膳、後片付け、一般的な調理）
- 買い物・薬の受け取り（日常品などの買い物、薬の受け取りなど）

利用料 ※介護保険の自己負担割合を「1割」で算定

たとえば、
排泄の介助＋食事の介助
**　＋洗濯＋ゴミ出しの場合、**
身体介護（30分〜1時間）
**　＋生活援助（45分〜70分）**
**　　⇒517円／1回**
※地域区分により料金が若干高い場合があります
※早朝・夜間は25％増し、深夜は50％増しになります

※本書では、介護保険の自己負担割合を「1割」で、1単位＝10円で算定しています。

通院等乗降介助

通院や外出の際、ヘルパーの資格をもつ運転手に介助してもらえます。

利用料 ※介護保険の自己負担割合を「1割」で算定

97円／1回
※運賃は別途全額自己負担

要支援の場合

要支援1・2では、「身体介護」「生活援助」などのほか、介護保険の介護予防サービスなども利用することができます。介護予防サービスは、お住まいの市（区）町村が実施している総合事業にて利用することが可能です。どのように利用するかは地域包括支援センターで相談し、決めていきます。

介護予防サービスの例

1人では心配な、包丁を使う、火を使うなどの動作を含む食事作りをサポートしてもらうことも可能です。

理学療法士、作業療法士などが自宅を訪問し、日常生活の自立に向けたリハビリをしてもらうことが可能です。

サービス利用のポイント

家事代行とは違う

訪問介護は、本人がその人らしく日常生活を送れるように支援するサービスです。ケアプランに基づいて行われるので、プランに組み込まれていないサービスや、本人以外のための家事などは、お願いできません。

　また、あくまで普段の生活を支えるためのものなので、季節の行事や非日常的な事柄も、介護保険サービスの適用外です。ケアプラン作成の段階で日常的に必要なサービスを洗い出して整理しましょう。

頼めないことの例

- 本人以外の家族のための家事
- 日常生活に支障のないこと
  （庭の草むしり、花の水やり、ペットの世話など）
- 日常の範囲を超える家事
  （窓磨き、家具の移動、大掃除など）
- 医療行為に当たること
- 預金の引き出し

お願いします！

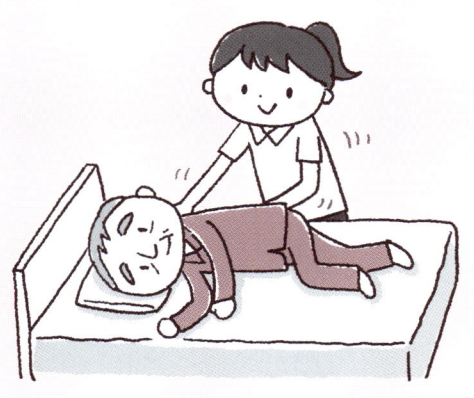

短時間の身体介護は
定期巡回サービスも検討

おむつ換えや体位変換のように、1日に何度も必要な身体介護については、定期巡回サービスも利用できます。また、通院介助30分と薬の受け取り20分など、関連性のあるものは「身体介護中心／30分以上1時間未満」と合算することができます。

要望は具体的に
伝える

排泄や入浴の介助を同性のヘルパーに頼みたい場合は、契約の際にきちんと伝えて可能かどうか確認しましょう。また、介護や家事のやり方にルールがあるときは、最初から具体的に伝え、後から「こうしてほしかったのに」ということのないようにします。

ヘルパーとの
コミュニケーションを大切に

ヘルパーとの相性の良しあしもあるでしょうが、介護を受けるに当たっては、互いを信頼して協力し合える関係をつくり上げることが大切です。ヘルパーは名前で呼ぶこと、連絡や相談などはこまめにすること、感謝の気持ちを言葉で伝えるなどを忘れずに。

訪問入浴介護

▶ 自宅に簡易浴槽を持ち込み入浴を介助 健康状態を確認して行う

訪問入浴介護とは、専門の事業者が、自宅の浴槽では入浴するのが困難な場合に、浴槽を自宅に持ち込んで入浴の介助を行うサービスです。通常は**看護師1人とヘルパー2人の3人体制**で介助します。浴槽の搬入は重労働であるため、介助スタッフが男性のことが多くあります。本人が女性の場合、抵抗があるかもしれないので、希望を確認しておきましょう。

事前に健康状態をチェック
浴槽の準備をしている間に、血圧、脈拍、体温を測定し、入浴が可能かどうか判断します。

体調をみながら入浴
ベッドから浴槽に移り、入浴します。体調によっては部分浴や清拭にとどめる場合もあります。

入浴後のケア
着替え、水分補給、体調の確認など、入浴後のケアもサービスに含まれます。

利用料
※介護保険の自己負担割合を「1割」で算定

1,266円／1回
★看護師がいない場合
　5％減
★部分浴・清拭の場合
　10％減

訪問看護と訪問介護を組み合わせる方法も

訪問入浴介護（看護師1名、ヘルパー2名の3人体制が基本）は、主に自宅の浴槽が使用できない場合に利用します。自宅の浴槽が使用できて入浴の介助のみ必要な場合には、たとえば訪問看護（看護師1名）と訪問介護（ヘルパー1名）を組み合わせて介助してもらう方法もあります。

利用料 ※介護保険の自己負担割合を「1割」で算定

訪問看護と訪問介護を組み合わせる場合
訪問看護（ステーション30分〜1時間）
＋身体介護（30分〜1時間）
⇒1,210円／1回

事業者選びを大切に

訪問入浴介護は、事業者によってサービスの質に大きな差があるといわれています。パンフレットを読むだけでなく、実際にその事業者を利用したことがある人に感想を聞いてみるなどして、ここなら大丈夫と思える事業者を選びましょう。

事業者選びのポイント

- 衛生管理は行き届いているか？
- 医療機関との連携は取れているか？
- 体調不良での日程変更は可能か？
- キャンセルの扱いやキャンセル料は？
- 1回の訪問にかける時間は十分か？
- 本人の要望に対応してくれるか？

自宅の環境を確認する

簡易浴槽を室内に持ち込むため、自宅の環境整備も必要です。浴槽を設置する部屋には1.5〜2畳程度のスペースを確保し、駐車場がない場合は路上駐車許可を取って対応します。事前に事業者に自宅の状況をチェックしてもらいましょう。

いいですね！
ここではどうですか？

要支援の場合

介護予防訪問入浴介護
自宅に浴室がない場合や、疾病などの理由で通所施設などでの入浴が困難な場合のみ対象となります。要支援1・2共通で1回856円（介護保険の自己負担割合を「1割」で算定）。看護師1人と介護職員1人の介助が基本ですが、医師の了承があれば介護職員2人のみでも可能（利用料は5％減）です。

訪問看護

▶ 主治医の指示に基づいて、看護師、保健師などが訪問

介護保険サービスで行う訪問看護は、看護師や保健師などの医療関係者が自宅を訪問し、主治医の指示に基づいて療養上の世話、診察の補助、療養上の相談や指導などを行います。病状が安定していて、医師が必要と認めた場合に利用できます。

療養上の世話

- 呼吸・体温・脈・血圧などの健康チェック
- 感染予防のための清潔保持

機能訓練

- 歩行訓練
- 関節を動かす訓練
- 嚥下機能の訓練

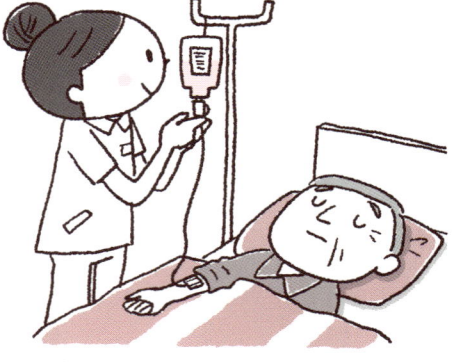

診療の補助や医療機器の管理

- 服薬の指導や管理
- 床ずれの予防や手当て
- たんの吸引
- 点滴、栄養チューブ、カテーテル、在宅酸素療法などの管理

環境整備や家族への支援

- 家族への介護・看護方法のアドバイス
- 環境整備についての相談
- 家族の健康相談

サービス利用のポイント

主治医との連携が重要

訪問看護を行う事業者には、病院やクリニックなどの医療機関と、看護師や保健師などが所属している訪問看護ステーションの2種類があります。訪問看護ステーションのほうが、利用料は高めになります。事業所を選ぶ際には、まず主治医との連携がしっかり取れているかどうかを重視しましょう。

利用料 ※介護保険の自己負担割合を「1割」で算定

訪問看護の料金は、①事業所の種類※1と②利用時間の長さなどで決まります。

また、緊急対応など特別なサービスには追加料金が発生します。
たとえば、

訪問看護（ステーション30分～1時間）
⇒823円／1回

※早朝・夜間は25％増し、深夜は50％増しになります

【主な追加料金】

※緊急時対応の場合、1か月につき600円
※留置カテーテルを使用しているなど特別な管理が必要な場合、1か月につき500円
※終末期の場合、亡くなった月には2,500円
それぞれ追加料金が発生します。

※1 医療機関と訪問看護ステーションがあります。

医療系サービスを上手に配分する

訪問看護と訪問介護の大きな違いは、医療行為ができるかできないかです。訪問看護を受ける際は、医療的なケアに重点を置いてもらえるよう、訪問介護との連携を取ることが大切です。両方をうまく配分するには、訪問介護と訪問看護の両方を実施している同一事業者を利用する、というのも方法ですが、そうでない場合も、ケアマネジャーに事業者間の連携をしっかり取ってもらえば大丈夫です。

医療保険の対象となる場合も

要介護（要支援）認定を受けている場合、原則として医療保険より介護保険が優先的に適用されますが、

①がん末期の場合、
②厚生労働省が認める疾病等の場合、
③急性増悪などにより一時的に頻回の訪問看護が必要であると主治医が指示した場合、
④精神科訪問看護（認知症を除く）の場合

は、医療保険の対象となりますので、あらかじめ確認しておきましょう。

要支援の場合

介護予防訪問看護
サービスの内容は介護予防を目的としたものとなります。

訪問リハビリテーション

▶ 通所が難しい人にリハビリを実施

訪問リハビリテーションとは、病院やリハビリテーション施設に通うのが困難な人を対象に、理学療法士、作業療法士、言語聴覚士などが自宅を訪問して、日常生活の自立を支援する目的で、機能回復のための訓練を指導してくれます。**主治医の指示に基づいて**行われます。

理学療法

体操や運動、マッサージ、電気刺激、温熱などの手法を用いて、歩く、寝返りをうつ、起き上がる、立ち上がる、座るなどの日常生活に必要な基本動作の機能訓練を行います。

作業療法

工作や手芸、家事などの作業を通して、応用動作や社会適応能力の回復を図る訓練を行います。

利用料 ※介護保険の自己負担割合を「1割」で算定

⇒308円／1回
ただし、退院（退所）から3か月以内に集中的にリハビリをする場合には
+200円／1回
追加料金が発生します。

言語聴覚療法

発声・発語など言葉の訓練や飲み込みの機能訓練などを行います。

特別なサービスには加算がある

通常の訪問リハビリテーションのほか、たとえば以下のサービスは加算の対象となります。

● **リハビリテーションマネジメント**

ケアマネジャーを通じて本人の状態や課題を把握し、医師や理学療法士などが共同してリハビリテーション実施計画を立てるなど、一連のリハビリテーションのマネジメントを行います。

● **短期集中リハビリテーション**

退院・退所後、または認定後に、早期に本人が自宅での日常生活に復帰できるよう、短期集中的に訓練を実施します。退院後3か月以内、1週間に2日以上、1日40分以上が目安です。

事業者が少ない

事業者は、病院、診療所、介護老人保健施設、介護医療院に限られます。そのため、希望通りの利用ができない場合もあります。そうした際には、訪問看護（→76ページ）で対応してもらう方法も考えられます。

要支援の場合

介護予防訪問リハビリテーション

サービスの内容は介護予防を目的としたものになります。基本的な利用料は78ページと同じですが、対象のサービスが一部限定されます。

「通所」と「訪問」のメリット、デメリット

リハビリテーションは、利用者が施設に通う通所リハビリテーション（→118ページ）で行うことも可能です。「通所」では、高性能なリハビリ機器があり、医師やリハビリ専門の職員が所属しているので、体調が急変したときも安心です。しかし、施設への行き帰りに時間がかかり、決められた日時に通わなければならないなど、負担に感じる人もいるかもしれません。

一方、「訪問」では、自宅での環境をふまえて、具体的な生活動作の訓練ができます。

入院後のリハビリを検討する

病気やけがで入院した場合、医療機関で治療やリハビリテーションを受けることになりますが、医療保険で行うリハビリテーションは期間が限定されています。その期間を超えてリハビリテーションが必要な場合は、全額を自費負担するか、退院後であれば介護保険サービスの利用も検討するとよいでしょう。また退院後、病院に通うのが難しい場合も、訪問リハビリテーションの利用を検討します。入院している医療機関が訪問リハビリテーションを実施していれば、退院後すぐに利用できるよう、入院中に相談しておきましょう。

居宅療養管理指導

▶ 医療関係者の訪問による管理・指導

居宅療養管理指導は、通院が困難な場合に、医師・歯科医師、歯科衛生士、薬剤師、管理栄養士などが自宅を訪問して療養上の管理や指導を行う、療養生活の質の向上を目的としたサービスです。往診とは異なり、医療行為は行いません。利用料は、職種によって異なります。介護保険の支給限度額の枠外で利用できるのが特徴です。

医師・歯科医師
居宅サービスを利用する上での注意点や介護方法などを、本人・家族に指導します。

歯科衛生士
口腔内の清掃、義歯の清掃指導、飲み込みの機能訓練などを行います。

薬剤師
服薬の管理、薬の副作用の説明などを行います。

管理栄養士
食事管理が必要な人に対して、献立作成・調理法などの指導を行います。

サービス利用のポイント

利用料は介護保険の区分支給限度額の枠外

居宅療養管理指導は、介護保険の区分支給限度額の枠外で利用できます。たとえば、訪問・通所サービスで既に支給限度額いっぱいまで使っていても、医師の指導を1回（515円）と歯科衛生士の指導を3回（1,086円）といった具合に、それぞれの利用回数の範囲内であれば自由に組み合わせて利用できます。

ケアプランに組み込んで利用する

利用する際は、ケアプランに組み込むことが推奨されています。サービスの利用を希望するときは、主治医やケアマネジャーに相談しましょう。ケアマネジャーが、本人の状況に応じて訪問してくれる医師や事業者を探してくれます。

利用料 ※介護保険の自己負担割合を「1割」で算定

- 医師：515円／1回
  ※月2回まで
- 歯科医師：517円／1回
  ※月2回まで
- 歯科衛生士：362円／1回
  ※月4回まで
- 薬剤師：518円／1回
  ※月4回まで
- 管理栄養士：545円／1回
  ※月2回まで

医師の説明を受け、サービスの内容を共有

居宅療養管理指導で医師や歯科医師が行うのは、医療行為ではなく、あくまで指導や情報提供のみです。サービス担当者会議（→57ページ）の際に、このサービスの内容や注意点などの説明を受け、しっかりと理解しておきましょう。

薬の管理を頼める

高齢者は複数の医療機関にかかっていることが多く、薬の重複や副作用、飲み忘れなどが心配です。薬剤師に薬の管理を頼めば、内服しやすいように調整してくれたり、薬の重複や副作用などもチェックしてくれたりするので安心です。

栄養管理の指導を受けられる

糖尿病、高血圧症、心臓病などの患者の食事管理には気をつかうものです。医師の指導に基づいた献立の立て方や嚥下機能に配慮した調理方法について、管理栄養士から「栄養管理指導」の指導を受けることができます。

要支援の場合

介護予防居宅療養管理指導
サービスの内容は介護予防を目的としたものになります。基本的な利用料は左記と同じです。

福祉用具貸与

▶ 福祉用具専門相談員にアドバイスを受けながら

本人が自宅でその人らしく日常生活を送れるように補助をする用具や、介護者の負担を軽減するための用具を借りることができます。**介護保険で貸与（レンタル）できる品目が決められていて、原則、要介護（要支援）度によっても貸与できる品目がわけられます。**また、歩行器やスロープなど、一部の福祉用具は貸与か購入か選択できます。利用期間が長くなりそうな場合には購入を検討してもよいでしょう。

＜ 介護保険が利用できる13品目 ＞

手すり 　要支援1からOK

便器またはポータブルトイレを囲んで据え置くなど、任意の場所に置いて使用できる**工事不要のもの。**

歩行補助杖 　要支援1からOK 　※購入も可能

多点杖、松葉杖、ロフストランド・クラッチなど

車いす
車いす付属品

普通型電動車いす、自走用標準型車いす、介助用標準型車いす。付属品は、車いすクッション、姿勢保持用品、電動補助装置など車いすと一体的に使用されるもの。

体位用変換器

起き上がり補助装置、寝返り介助パッドなど、要介護者の体位を容易に変換できる機能があるもの。

移動用リフト 　※吊り具は除く

自力または車いすなどでの移動が困難な人のための、**工事不要**の移動用リフト、バスリフトなど。

床ずれ防止用具

床ずれ防止マットレス、エアマットなど。

スロープ 　要支援1からOK 　※購入も可能

段差解消のためのもので、**工事不要で設置・撤去できるもの。**

歩行器 　要支援1からOK 　※購入も可能

歩行を補う機能と、移動時に体重を支える構造をもつものなど。歩行器によっては福祉用貸与が認められないものもあるので、事業者に確認しましょう。

特殊寝台
特殊寝台付属品

特殊寝台はサイドレール（ベッド柵）付き、または取り付け可能なベッドで、背上げまたは脚上げ機能、もしくは高さ調整機能が付いたもの。付属品はマットレス、ベッド用手すり、サイドレールなど特殊寝台と一体的に使用されるもの。

認知症老人徘徊感知機器

認知症の要介護者が屋外へ出ようとした際、センサーにより感知し、家族、隣人等へ通報するもの。

自動排泄処理装置 　※本体部分のみ
要介護4からOK

排尿、排便をセンサーで感知。ベッドに寝たままの状態で自動的に排泄物を吸引・洗浄・乾燥する装置。

サービス利用のポイント

ケアプランに組み込んで利用する

福祉用具貸与は、訪問介護や通所介護などの人的サービスと同様に、要介護（要支援）度別の支給限度額内で利用するものですから、ケアプランに組み込みます。利用したいときは、ケアマネジャーに相談しましょう。なお、介護保険を適用できる用具を扱う業者には、福祉用具専門相談員を配置することが義務づけられています。

利用料は業者や品目によって変わる

福祉用具のレンタル料は業者や品目によって異なります。通常は1か月当たりで設定されていますが、日割り計算できる場合もあります。運搬費や組み立て代はレンタル料に含まれます。

1か月のレンタル料の目安（例）
※介護保険の自己負担割合を　「1割」で算定

- 特殊寝台：1,000〜2,000円
- 車いす：600〜1,000円
- 歩行器：200〜700円
- 移動用リフト：1,500〜2,000円

必要に応じて用具の変更も

用具は使い勝手をよく確かめ、自宅の環境も考慮して選びましょう。また、本人の状態が変化すると、使用する用具も違ってきます。用具選びの相談や用具の変更、修理、調整などにも気軽に応じてくれる業者を選び、変更や解約を希望する際はケアマネジャーに相談しましょう。

要支援の場合

介護予防福祉用具貸与

介護保険が利用できる用具は限定されます（原則として、手すり、スロープ、歩行補助杖、歩行器のみ）状況によっては他の用具も認められる場合があります。利用料の考え方は左記と同様です。

特定福祉用具販売

▶ レンタルでは抵抗のある用具を購入

レンタルで使用するには抵抗のある排泄・入浴関連の用具を、介護保険で購入することができます。適用される特定福祉用具は11品目ありますが、細かい条件があるので福祉用具専門相談員に確認しましょう。同一年度内（4月1日～3月31日）に10万円まで、介護保険が負担割合に応じて残りの差額を支払ってくれます。たとえば自己負担が1割の場合、申請すると代金の9割が後から戻ってきます（償還払い）。

＜介護保険が利用できる11品目＞

入浴補助用具

- 浴室内すのこ
- 入浴用いす
- 入浴台
- 浴槽用手すり
- 浴槽内いす
- 浴槽内すのこ
- 入浴用介助ベルト

簡易浴槽

移動用リフトの吊り具

腰かけ便座

自動排泄処理装置の交換可能部品

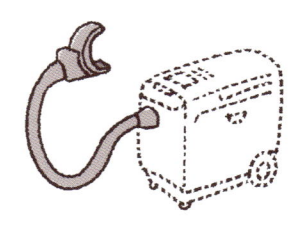

介護保険が利用できるのは原則1品目1回

介護保険が利用できるのは、原則として同一年度内で1品目1回限りです。購入したけれど、別の商品に買い換えたいという場合は、1年間は介護保険が適用されません。しかし、破損したり、用途や機能が著しく異なったりするときは認められる場合もあります。いずれにしても一度使用したら返品できない場合が多いので、なるべく立ち会って、確かめながら選びましょう。

長く使えるものを…

専門家に相談して決める

利用に当たっては、販売店選びや商品選びも含めて、まずはケアマネジャーに相談しましょう。主治医や理学療法士など専門家の意見も聞いてから決めるようにします。購入するときは、福祉用具専門相談員に介護保険の対象商品かどうか、消費税も含めて10万円以内に収まるかどうかを確認しましょう。

費用の支給には申請が必要

いったん全額を支払います。その上で、市（区）町村の窓口に次の書類を添えて申請すれば、後日費用の9割※が介護保険から支給（償還払い）されます。※自己負担割合が「1割」の場合

申請に必要なもの

- 特定福祉用具購入費支給申請書
  ※製造業者名、販売業者名、業者番号、償還払いの振込先などを記入する欄があるので、契約書などで確認してメモしておきましょう。
- 介護保険被保険者証
- 印鑑※
- 購入領収書
  （用具名、単価、利用者名が明記されたもの）
- 福祉用具の概要がわかる書類
  （パンフレットなど）

後で戻ってくる仕組みね！

要支援の場合

特定介護予防福祉用具販売
介護保険が利用できる用具は限定されます。詳細は福祉用具専門相談員に確認しましょう。

住宅改修

▶ 自宅を生活しやすく改修する

介護保険の住宅改修とは、住宅の不都合な部分を改修し、本人が生活しやすく、介護者が介護しやすい住環境を整えるために行うものです。たとえば段差の解消や手すりの設置などがありますが、**改修は原則、1人1住居につき工事費は20万円までです。**

手すりの取り付け

廊下や階段、トイレ、浴室などに手すりを取り付け、転倒を防止し、移動しやすくします。

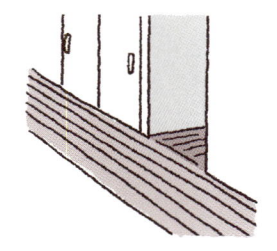

床材等の変更

床を滑りにくくする、あるいは車いす移動の円滑化などのため、床または通路面の材料を変更します。

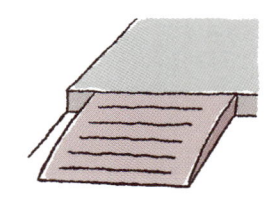

段差の解消

玄関と廊下、脱衣所と浴室など段差がある部分にスロープを設置し、転倒を防止し、車いすでの移動をしやすくします。

扉の取り替え

開き戸を引き戸やアコーディオンカーテンに取り替えるなどして、開閉を楽にします。

便器の取り替え

和式便器を洋式便器に取り替えるなど、使用時に体に負担がかからないようにします。水洗化などの工事は対象外です。

付帯工事

ここに挙げた住宅改修を行う上で必要となる工事も、支給の対象となります。

サービス利用のポイント

事前に申請が必要

ケアマネジャーに相談し、どのような施工が必要か検討し、住宅改修プランを作成してもらいます。次に、住宅改修業者から見積書を取り、工事の前に市（区）町村へ申請します。

申請に必要なもの（事前）

- 住宅改修費支給申請書
- 介護保険被保険者証
- 印鑑※不要の場合もあり
- 住宅改修が必要な理由書
  （ケアマネジャーや地域包括支援センターに相談すれば作成してもらえます）
- 工事図面・工事費見積書
- 住宅改修の予定の状態が確認できるもの（改修前の写真など）

※賃貸住宅の場合は貸主の承諾書も必要。

支給に必要なもの（改修後）

- 領収書
- 工事費内訳書
- 改修前・改修後の写真（原則として撮影日がわかるもの）

支給額

同一住居で20万円まで。自己負担分との差額が支給されます。

介護保険の支給限度額の枠外で利用でき、費用の1割が自己負担です。同一住居に要介護（要支援）認定を受けた人が複数人住んでいる場合には、20万円×人数分が支給されます。

専門家と相談を

改修をしてからのやり直しは困難です。理学療法士など専門家に相談し、将来的なことも考慮して見極めてから行いましょう。施工業者は高齢者向けの住宅改修に慣れているところをケアマネジャーと相談して選び、納得のいく説明を受けてから契約します。

費用はいったん負担する

費用はいったん全額を支払い、後でその9割が介護保険から支給（償還払い）されるのが原則です。市（区）町村によっては、登録業者による改修なら、はじめから自己負担のみ支払うだけでよい場合もあります。

市（区）町村の助成制度がある場合も

市（区）町村が独自に助成制度を設けている場合もあります。改修の費用が限度額を超えそうな場合には、利用できる制度がないか市（区）町村に確認してみましょう。利用するには事前に相談や申請が必要です。

要支援の場合

介護予防住宅改修

86ページと同様に利用できます。ただし、実際に改修を行うかどうかは、将来的な状況の変化を考慮して決めるようにしましょう。

定期巡回・随時対応型訪問介護看護

▶ 主治医の指示のもと、日常生活上の援助や看護を行う

ヘルパーや看護師などが定期的に訪問して、本人の心身状態に応じた日常生活を送ることができるように援助したり、診療の補助をしたりします。また、本人からの通報を受けて相談に応じたり、訪問してサービスを行ったりする場合もあります。なお、これは事業者と同じ市（区）町村の住人だけが利用できる「地域密着型サービス」です。

定期訪問

ヘルパーや看護師などが1日に何回か、自宅を定期的に訪問し、入浴、排泄、食事の介護など日常生活上の世話や、療養上の看護など、短時間の介護・看護サービスを行います。

随時対応

オペレーターが本人からの通報を受けて、電話などにより対応し、ヘルパー、または看護師などの訪問が必要かどうかを判断します。

随時訪問

通報を受けたオペレーターからの要請を受け、計画にない訪問介護サービスや訪問看護サービスを行います。※計画外の訪問看護サービスには、追加料金があります。

サービス利用のポイント

必要なタイミングで必要な内容を利用する

日中・夜間を通じて1日に何回かサービスを受けられること、訪問介護サービスと訪問看護サービスを一体的に受けられること、また、必要なタイミングでサービスを受けられます。夜間だけ利用したい場合も可能です。

たとえば1人暮らしで、トイレに行くときに手助けが必要であったり、決まった時間に薬を飲むときに見守りが必要であったりと、ちょっとした援助が必要な人には便利なサービスです。

※訪問看護サービスは受けないこともできます。

薬を飲むときに…

いてくれたら…

困ったときに通報できる

たとえば「朝、起きたら体調が悪い」というときに事業者に通報すると、専門知識をもつスタッフが相談に乗ってくれます。相談の内容により、対処方法を教えてもらえたり、必要であればヘルパーなどによる訪問サービスを受けたりすることができます。

※101ページも参考にしてください。

ケアマネジャーと相談して利用する

このサービスを利用している間でも、通所サービスや短期入所サービスなどは利用できますが、訪問介護など利用できなくなるサービスもあるので、ケアマネジャーと相談して決めましょう。

利用料 ※介護保険の自己負担割合を「1割」で算定

料金は、要介護（要支援）度と、「看護サービス」を受けたか受けないかで決まります。費用は月額定額です。たとえば「要介護2」の場合、

- 訪問看護サービスを受けない場合
  （おむつ交換などの訪問介護だけ）
  ⇒9,720円／1か月
- 訪問看護サービスを受ける場合
  （医師から指示を受けている処置など医療行為を看護師が行う場合）
  ⇒12,413円／1か月

【主な追加料金】

※緊急の訪問看護は、1か月につき325円

※終末期の場合、亡くなった月には2,500円 それぞれ追加料金が発生します

要支援の場合

利用できません。

夜間対応型訪問介護

▶ 夜間の介護をしてもらえる

夜間対応型訪問介護は、**本人が24時間安心して生活できるよう、**夜間に介護スタッフが定期的な巡回をして日常的な介助を行ったり、本人からの随時の通報を受けて訪問・緊急対応・助言を行ったりします。なお、これは事業者と同じ市（区）町村の住人だけが利用できる「地域密着型サービス」です。

定期巡回

夜間に定期的に巡回し、体位変換（寝たきりの人などに対して2時間おきくらいに体の向きを変える）、おむつ交換、排泄の介助、安否の確認などを行います。

随時訪問

本人が、転倒したり体調が悪くなったりして助けが必要なときに、端末のボタンを押して通報すると、オペレーションセンターや巡回中のスタッフが対応して、訪問します。

オペレーションセンターサービス

本人の通報を受けて、訪問介護や救急車の手配、応急処置の助言などを行います。

夜間の不安に対応する

急に具合が悪くなった、ベッドから落ちたなど、夜間でも不測の事態が起こることがあります。そんなとき、助けを呼べる相手がいるのは、1人暮らしの高齢者にとっては大きな安心感につながります。また、介護者にとっても、夜間の体位変換やおむつ交換は身体的・精神的に負担が大きいもの。夜間対応のサービスを利用すると、介護疲れを軽減することもできます。

利用料 ※介護保険の自己負担割合を「1割」で算定

夜間対応型訪問介護の料金は、事業者にオペレーションセンターがある場合、基本料金＋定期巡回や随時訪問を利用した「回数」で決まります。
・オペレーションセンターがある 事業者の基本料金
⇒989円／1か月
＋定期巡回：372円／1回
＋随時訪問：567円／1回

サービス体制、料金を確認する

利用する事業者にオペレーションセンターが設置されているかどうかで、料金が異なります。オペレーションセンターのあるタイプでは、基本料金に実際に訪問した回数に応じた訪問料が追加されていきます。オペレーションセンターには本人の情報があらかじめ登録されているため、状況に応じて必要な対応を取ってくれるなど安心なサービスですが、訪問回数が増えて支給限度額を超えると、超過分は全額自己負担となります。

訪問介護・訪問看護との比較検討も

夜間の安心感を得られるサービスとして、訪問介護（→70ページ）の夜間利用や、訪問看護（→76ページ）の夜間利用、緊急時訪問看護なども選ぶことができます。どのような内容、頻度のサービスを必要とするのかをよく考えて選びましょう。

要支援の場合

利用できません。

小規模多機能型居宅介護

▶ 1つの窓口で多様なサービスが受けられる

1つの事業所と契約するだけで、月々定額で「訪問介護」「デイサービス（通所介護）」「短期入所（ショートステイ）」を組み合わせで利用できるサービスです。なお、これは事業者と同じ市（区）町村の住人だけが利用できる「地域密着型サービス」です。

登録定員　29人以下

「通い」の利用定員　要件みたせば　18人以下／日

「泊まり」の利用定員　9人以下／日

小規模多機能型施設

泊まり
通い
訪問

自宅

利用料 ※介護保険の自己負担割合を「1割」で算定

要介護（要支援）度で決まります。たとえば「要介護2」の場合

⇒ **15,370円／1か月**

ただし、この金額に以下の代金は含まれません（別途実費を自己負担する必要があります）。

【含まれない代金例】

・食費（食事とおやつ代）
・おむつ代
・宿泊費（部屋の使用料、光熱費など）
・日常生活費（理美容代、私物の洗濯代、教養娯楽費など）

要支援の場合

介護予防小規模多機能型居宅介護

サービス内容は介護予防を目的としたものになります。利用料の考え方は左記と同様です。

サービス利用のポイント

契約が一本化できるので柔軟なサービス利用が可能

原則、利用するサービスごとに事業者と契約するのが、利用するときの基本ですが、小規模多機能型居宅介護は、訪問介護・通所介護・短期入所（ショートステイ）が1つにまとまった、いわばセットメニューです。サービスを利用するたびに事業者を新たに探す必要がなく、柔軟なサービスを期待できることがメリットです。

気に入ったサービス事業者が見つかれば、本人から事業者への連絡はもちろん、スタッフ間の連携や調整も取りやすいので安心です。また、月額定額制なので利用料がかさむ心配がないのもメリットです。

部分的に他の事業者に変更できないというデメリットも

契約を一本化するので、今までのケアマネジャーから事業所専属のケアマネジャーに変更になります。また、泊まりだけは慣れ親しんだ別のところにしたい、などという要望があっても、部分的に他の事業者と契約することはできません。

たとえば、泊まりを利用したいけれど、契約しているところがいっぱいだから、他のところを探して…ということができないのです。

このサービスを利用している間は、契約した事業者以外のサービスを利用することができない場合もあるので、確認しておきましょう（下記参照）。

一方、利用料は月額定額制なので、増える心配がないですが、料金に見合うだけのサービスが受けられないということが絶対にないとも限りませんので、契約時にどのサービスをどの程度利用できるのかをよく確かめましょう。

契約するとほかの事業者を選べない主なサービス

- ケアマネジメント（居宅介護支援）
- 訪問介護
- 訪問入浴介護
- デイサービス（通所介護）
- デイケア（通所リハビリテーション）
- ショートステイ（短期入所）・療養介護
- 定期巡回・随時対応型訪問介護看護

看護小規模多機能型居宅介護（複合型サービス）

▶ 小規模多機能型居宅介護と訪問看護が合体

92ページの「小規模多機能型居宅介護」に、「訪問看護」も加わり、月々定額で「訪問介護」「デイサービス（通所介護）」「短期入所（ショートステイ）」「訪問看護」を組み合わせで利用できるサービスです。訪問看護は主治医の指示の下に行われます。なお、これは事業者と同じ市（区）町村の住人だけが利用できる「地域密着型サービス」です。

医療ケアが必要でも自宅で過ごせる

基本的なサービスの仕組みや登録のルールなどは小規模多機能型居宅介護と同じで、1つの事業者にのみ登録でき、看護小規模多機能型居宅介護事業者のケアマネジャーがケアプランを作成してサービスを管理します。「訪問（訪問介護）」「通所（デイサービス）」「短期入所（ショートステイ）」と、「訪問看護（→76ページ）」を一体的に利用できるため、要介護（要支援）度が高く、医療ケアが必要な人でも自宅で療養生活を続けることができます。

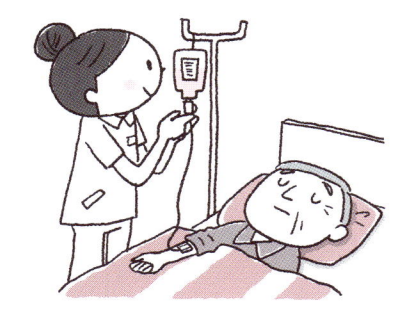

利用料 ※介護保険の自己負担割合を「1割」で算定

要介護（要支援）度で決まります。たとえば「要介護2」の場合
⇒ 17,415円／1か月
また、緊急の訪問看護や終末期には別途追加料金が発生します。
【主な追加料金】
※緊急の訪問看護は、1か月につき774円
※終末期の場合、亡くなった月には2,500円
それぞれ追加料金が発生します

別々に複数のサービスを利用したときと比較を

利用料は1か月ごとの定額制です。「訪問（訪問介護）」「通所（デイサービス）」「短期入所（ショートステイ）」と、「訪問看護」を1つにまとめたセットメニューとなります。
1か月にどの程度のサービスが必要か、訪問看護を利用しないで別々に複数のサービスを利用した場合のメリット、デメリットについてもケアマネジャーとよく相談しましょう。

〈セット〉　訪問介護　訪問看護　通所介護　短期入所
〈別々〉　訪問介護　通所介護　訪問看護　短期入所

要支援の場合

利用できません。

訪問介護にまつわる Q&A

Q 同居家族がいる場合でも、食事のしたくは頼めるの？
（83歳／要介護1／同居）

父と同居していますが、私たち夫婦は長期で家を空けることも多く、父の食事の用意や介助が難しくなっています。父は足が悪く、料理をしたこともなく、またむせ込みも少しあるため、1人で食事を作ったり食べたりすることが困難です。ヘルパーさんに食事のしたくや、食べるときの介助を頼めないでしょうか？

A
介護保険の生活援助サービスは、基本的には1人暮らしの人か同居家族に障害や疾病がある場合に利用できるのですが、やむを得ない事情がある場合、利用が認められることがあります。このように、「同居家族はいるが、仕事の都合などで家族（介護者）が自宅を留守にすることが多い」といった特別な事情があれば、ヘルパーさんに食事のしたくを頼むことは可能です。担当のケアマネジャーとよく相談して、食事のしたく（生活援助サービス）と食事の介助（身体介護サービス）を組み合わせたケアプランをお願いしましょう。

料金の目安※負担割合「1割」で算定	
309円	※1回につき ※身体1、生活1で算定

Q 年越しそばやおせちの調理は頼めるの？
（89歳／要支援2／独居）

北海道で1人暮らしの父は、動くと呼吸がつらいので、今は週に2回ヘルパーさんに来てもらい、家事全般をお願いしています。以前は、年越しそばやおせちを、父が自分で用意していましたが、今は用意できず「正月気分が味わえない」となげくことも。年末年始にヘルパーさんに来てもらい、年越しそばやおせちを作ってもらうことはできますか？

A
年越しそばやおせちは、特別な行事のときに食べるものであり、その提供は日常生活に不可欠な支援とはいえない、と判断されるため、ヘルパーさんには頼めません。普段の生活の中で「おそばが食べたい」という要望であれば、日常的な調理サービスとして、調理をしてもらうことはできます。おせちについては、スーパーなどでセットになっているものを買ってきてもらうことはできます。担当のケアマネジャーやヘルパーさんに相談してみましょう。

訪問介護サービスを利用する際に間違えやすいのが、家事代行と混同してしまうこと。ヘルパーさんにお願いできることと、難しいことの例をQ&A方式で紹介します。

Q 一緒に食事やおしゃべりをしながらの見守りを頼めるの?
（78歳／要支援2／独居）

1人暮らしの母は、料理やおしゃべりが大好きでしたが、最近はふらつくことが増えて杖をついて歩いているせいか、あまり外出しなくなり「話をする人がいなくてさみしい」と言います。私は仕事があって週末しか会いに行けません。買い物と掃除はヘルパーさんにお願いし、料理は母が作って食べているのですが、ヘルパーさんに母が作った昼食を一緒に食べてもらい、おしゃべりをしながらの見守りを頼めないでしょうか?

A
介護保険サービスでヘルパーさんに「一緒に食事する」「おしゃべり（傾聴）する」といったことは頼めません。ただし、総合事業という本人の必要に応じたケアが受けられるサービスを使えば、ほかの人と食事やおしゃべりを楽しむことは可能です。たとえば、地域食堂に行き、通ってきた人たちと一緒に食事を楽しんだり、自分が作った食事をふるまったりしてみるのも一案です。
お住まいの地域包括支援センターに相談してみてください。

総合事業とは

高齢者が慣れ親しんだ地域で、介護予防や生活支援のサポートを受けられるよう、市（区）町村が中心になり、行っている事業。市（区）町村の実情に応じて利用できるサービスが変わるので、近くの「地域包括支援センター」で確認したり、市（区）町村のホームページで確認したりするとよいでしょう。総合事業には「要支援」の人が「要介護」になってしまわないようにサポートする「介護予防・生活支援サービス事業」（要支援1・2、または基本チェックリストで生活機能の低下が認められた人）と、地域在住の65歳以上の人すべてが利用できる「一般介護予防事業」があります。

介護予防・生活支援サービス事業
- 訪問型サービス
- 通所型サービス
- 生活支援サービス　など

一般介護予防事業
- 交流サロン
- 趣味のサロン
- 体操教室　　など

訪問介護にまつわる Q&A

Q 家族が不在のとき、トイレやお風呂の掃除を頼める？
（83歳／要介護1／同居（不在期間））

夫の仕事の関係で1か月ほど海外に行くことになりました。同居している義母は、飛行機に何時間も乗るのが体力的に難しいため1人で留守番です。近所にスーパーなどはあり、配食サービスも頼んだので食事の準備や片付けは心配ないのですが、トイレやお風呂の掃除などは難しいので、ヘルパーさんに頼むことはできますか？

A
同居家族がいる場合、トイレやお風呂は同居家族が掃除すべき場所と判断され介護保険サービスは適用されませんが、このケースの場合、同居家族が1か月間不在となることが明確です。トイレやお風呂を1か月間掃除せずに使い続ける、ということは通常ではありません。そのためこの場合は、同居家族が不在の間に限り、ヘルパーさんにトイレやお風呂の掃除をお願いできます。なお、同居家族が転勤で1～2年の長期間不在となる場合も、介護を受ける本人は実質「1人暮らし」となるため、利用できるサービスが変わってきます。担当のケアマネジャーに相談しておくとよいでしょう。

料金の目安※負担割合「1割」で算定	
179円	※1回につき ※生活援助2で算定

Q 換気扇の掃除、床のワックスがけは頼めるの？
（73歳／要介護1／独居）

父を3年前に亡くし、母は1人暮らしをしています。年に数回、遠方で暮らす私が、台所の換気扇の掃除や、床のワックスがけなどをしに行っていましたが、今年は忙しくて行けません。母は心臓に疾患があるため、普段の掃除はヘルパーさんにお願いしています。換気扇の掃除や床のワックスがけなども頼めるのでしょうか？

A
介護サービスは、本人の日常生活に不可欠な支援であることが原則です。そのため「大掃除など、年に数回しか行わないもの」には介護保険は適用されません。台所の換気扇の掃除や床のワックスがけは、通常の家庭生活において頻繁に行うものではなく、家族の協力などでカバーすべき範囲と判断されます。照明器具のシェードの掃除や、窓拭きなども同様です。たまたま家族ができないという場合には、専門の清掃会社などに依頼するのが妥当でしょう。

Q おしゃれ着の手洗いを頼めるの？
（86歳／要介護2／独居）

夫を8年前に亡くし、私は1人暮らしです。冬になると着るのを楽しみにしているお気に入りのセーターがあり、ビーズの刺しゅうがついた高価なものなので、今までは自分で手洗いをしていました。ところが、リウマチのせいか、指がうまく動かず自分ではできません。週に2回、掃除や洗濯をお願いしているヘルパーさんに手洗いを頼めないでしょうか？

A
普段の生活で頻繁に着るなど日常生活に不可欠な衣類であれば、ヘルパーさんに手洗いを頼むことはできます。ただそれでも、ドライクリーニングが可能なものであれば、ヘルパーさんにはお願いできません。このケースでは、セーターは外出用のおしゃれ着なので、日常生活に必要な衣類とはいえず、ヘルパーさんにお願いすることはできません。ビーズの刺しゅうがついているので、ドライクリーニングはできませんが、水洗いに対応してくれるクリーニング屋さんも増えているので、専門の業者さんを探して依頼しましょう。

Q 衣類やシーツなどのアイロンがけは頼めるの？
（85歳／要介護2／独居）

昨年妻が亡くなり、今は1人暮らしです。梅雨時、洗濯物がなかなか乾かないので、シャツやスラックスはアイロンをかけて乾かそうとしますが、慣れていないせいかうまくできません。また、最近は手が震えてアイロンも持ちにくくなりました。ヘルパーさんにアイロンがけを頼めないでしょうか？

A
生乾きの服は臭いも気になり、健康にもよくありません。洗濯物にアイロンをかけて乾かすことは、本人の日常生活に必要なことなので、ヘルパーさんに頼めます。アイロンがけは、天候に関係なく、必要であればお願いできる場合も多いので、ヘルパーさんや担当のケアマネジャーに相談しましょう。何度かアイロンがけに挑戦しているのであれば、ヘルパーさんに教えてもらいながら、一緒に作業するのも一案です。手に震えがあるので1人のときは危険ですが、ヘルパーさんの介助があれば、かえって楽しみになるかもしれません。

料金の目安※負担割合「1割」で算定

179円　※1回につき
※生活援助2で算定

訪問介護にまつわる Q&A

Q 安否確認や見守りだけを頼めるの？
（73歳／要介護2／独居）

母は宮城県で1人暮らしです。友だちと頻繁に旅行に出かけるほど元気でしたが、友だちが相次いで亡くなったせいか、最近は家に引きこもっているようです。私は九州に住んでいるため、なかなか帰ることができません。家事などは1人でできているようですが、ヘルパーさんに自宅を訪ねてもらい、安否確認や見守りを頼めないでしょうか？

 A 地域密着型サービスの「定期巡回・随時対応型訪問介護看護」を利用すれば可能です。おむつの交換や体位変換など、短時間のサービスを日に何度か必要な場合に適しています。このケースのように、安否確認や見守りなど10〜20分程度の訪問介護を1日に複数回受けることも可能で、費用は月額定額制です（介護だけの場合と、看護も必要な場合で費用が違います）。ただし、ほかの訪問介護や訪問看護といったサービスとは併用できないので、利用に際してはよくケアマネジャーさんと相談しましょう。

料金の目安※負担割合「1割」で算定

9,720円　※月額定額制
※要介護2で「看護サービス」が伴わない場合

Q 夜間の見守り確認は頼めるの？
（80歳／要介護2／独居）

他県で1人暮らしをする母は、ひざの関節に炎症を起こし、歩くのがつらくなってきたようです。先日も夜中にトイレに行く際、壁伝いに歩いていて段差につまずき、2度も転倒してしまった様子。心配ですが、仕事も忙しく頻繁に訪ねることができません。ヘルパーさんに夜間の見守りを頼めないでしょうか？

A 地域密着型サービスの「夜間対応型訪問介護」を利用すれば可能です。定時に巡回してもらうほか、通報用の機器を設置して、何かあったらオペレーターと通話し必要であればスタッフが訪問して対応、ということもできます。このケースのように、日中はサービスの必要がなく、夜間だけ心配、という方に適したサービスで、月額基本料金＋利用の都度決まった金額を支払う仕組みです。また、2024年度より「定期巡回・随時対応型訪問介護看護」で夜間のみの対応が可能になりましたので、こちらも検討してみるとよいでしょう。

料金の目安※負担割合「1割」で算定

基本料金　989円／1か月
＋372円（定期巡回1回につき）
または＋567円（随時訪問1回につき）

定期巡回・
随時対応型訪問介護看護とは？

2012年に創設された、地域密着型サービスで、要介護1〜5の人が利用できます。これにより、自宅での生活がより可能になりました。

「定期巡回」は、ヘルパーが定期的に居宅に訪問し、サポートを行います。
たとえば

●服薬管理やインスリン注射が必要な人へのサービス提供

●認知症の人への安全確認

●退院直後で状態が不安定な人への短期的な見守り

●水分補給や室温管理

など、1回10〜20分程度の短いサポートを1日に数回行うことで、本人や家族の不安に寄り添います。
ケアマネジャーが作成したケアプランに従って身体介護を中心とした短時間のサービスを受けられます。

「随時対応型訪問介護看護」は、通報用の機器を自宅に設置し、緊急時などに通報するとオペレーターといつでも通話できるサービスです。オペレーターは常勤の看護師、准看護師、介護福祉士、医師、保健師、社会福祉士、ケアマネジャーなどの資格者のうち、1年以上の訪問介護のサービス提供者が担当します。
通報して、オペレーターと話し、オペレーターの判断によって訪問して対応するか、そのまま通話で解決するかが決められます。夜間も対応可能なので、「深夜に具合が悪くなったら…」などという、家族や本人の不安にも寄り添えるのがメリットです。

いずれのサービスも1か月に1回程度、看護師によるアセスメント（モニタリング）をし、体調確認を行います。

訪問介護にまつわる Q&A

Q 同居家族がいても、買い物を頼めるの？
（85歳／要介護1／同居）

同居の配偶者は、腰の曲がりがひどいため、1人で買い物に行かせるのは不安です。私も要介護1で、年々家のことをするのが難しくなってきました。同居している私がいても、ヘルパーさんに買い物を頼むことはできるのでしょうか？

A 同居家族がいる場合、買い物は基本的には「家族ができる」とみなされるため、介護保険サービスとしてヘルパーさんにお願いするには十分な検討が必要でした。しかし近年、同居の家族の介護疲れが問題になり、「家族のケア」を視点としたサービスが必要であることがわかってきました。このケースのように、家族が要介護（要支援）認定を受けた高齢者でなくても、同居の家族が本人とともに共倒れにならないように、介護保険でのサポートが受けられるようになっています。ケアマネジャーに相談するなどして、家族が抱え込まないようにすることが大切です。

料金の目安 ※負担割合「1割」で算定	
220円	※1回につき ※生活援助3で算定

Q コインランドリーでの洗濯は頼めるの？
（72歳／要介護1／独居）

3週間前に洗濯機が壊れてしまい、小さな物は手洗いしていますが、シャツやズボンを風呂場で洗おうと中腰になっていたら腰痛が悪化してしまいました。近所にコインランドリーがあるので、ヘルパーさんにコインランドリーでの洗濯を頼めないでしょうか？

A 洗濯は日常生活に不可欠なものです。1人暮らしで、洗濯機が壊れて使えず、腰痛のため自分でコインランドリーに行くのも困難なので、ヘルパーさんにお願いできます。なお、コインランドリーを使用する際には、ヘルパーさんが提供するサービスの利用料だけでなく、コインランドリーの利用料も必要です。ヘルパーさんとの間で金銭の受け渡しが発生する場合は、「金銭出納帳」を作成するなどして記録しておきましょう。長期的な経済負担を考えると、洗濯機の買い替えも検討しておく必要があるかもしれません。

料金の目安 ※負担割合「1割」で算定	
220円	※1回につき ※生活援助3で算定

Q 外出の促しや買い物の付き添いは頼めるの？
（76歳／要介護1／独居）

義母は、くも膜下出血で倒れて左半身がマヒしてからは家に閉じこもりがちです。帰省したときに夫が散歩に誘いますが、「知っている人に今の姿を見られたくない」と嫌がります。買い物や食事の介助をお願いしているヘルパーさんに、外出の促しや、一緒に買い物に行ってもらえるよう頼めないでしょうか？

A
気分転換のための散歩ならヘルパーさんの付き添いは頼めませんが、本人の意欲を促し、機能訓練や自立を支援する目的で、近所へ買い物に行くということならば、付き添いをお願いすることはできます。ただこのケースの場合、「体が不自由な自分の姿を知り合いに見られたくない」という状態なので、安心して外出できる環境を整えてから外出を促した方がよいかもしれません。たとえば担当のケアマネジャーに相談し、住まいから少し離れたデイサービスを探して、見学して知り合いがいないことを確認してから通うという方法もあります。

料金の目安※負担割合「1割」で算定

387円	※1回につき ※身体介護2で算定

Q 病院の帰り、スーパーに立ち寄るときの付き添いを頼める？
（70歳／要介護2／独居）

大腿骨を骨折してから家では壁や手すりにつかまって歩き、外出の際は車いすを利用しています。月に1度、ヘルパーさんに車いすを押してもらい近くの整形外科に通っています。病院からの帰り道にある、いつも行っているスーパーで昼食用のお弁当を買うのに、ヘルパーさんに付き添いを頼めないでしょうか？

A
介護保険では、外出の付き添いや介助（外出介助）は、訪問介護サービスとして自宅（外出前の準備も含む）から目的地までの介助、及び目的地から自宅（帰宅後の片付けも含む）までの介助が認められています。この経路にない場所に立ち寄る際の外出介助は通常は認められませんが、目的地から自宅の間で、日常生活上の範囲内にあるスーパーに立ち寄る場合には認められる場合があります。立ち寄りたいスーパーが病院から自宅への帰り道にあり、いつも行くところなのがポイントです。なお、ケアプランに経路が明記されていることが前提です。

料金の目安※負担割合「1割」で算定

649円	※1回につき ※身体介護4で算定 ※病院＋買い物で1.5～2時間と想定

訪問介護にまつわる Q&A

Q すり傷、切り傷の処置を頼めるの？
（83歳／要介護1／独居）

母は1人暮らしをしていますが、近ごろつまずいて転んでしまうことがよくあります。この間も玄関で転んだと電話があり、あわてて行くと、ひざをすりむいて少し出血していました。私も仕事があり、いつも駆けつけられるわけでもないので、お願いしているヘルパーさんに、すり傷などの処置を頼めないでしょうか？

A

重症度や緊急度にもよりますが、このケースのように、軽度と判断できるものであれば、すり傷や切り傷の応急処置（消毒やばんそうこうを貼るなど）は頼めます。ただし、ヘルパーさんは、原則として医療行為（「医行為」）はできません（→108ページ）。なお、日常生活でのつまずきや転倒が増えているようであれば、担当のケアマネジャーに状況を伝えて、つまずきやすい場所の段差をなだらかにする、手すりをつけるなどの対応を検討しましょう。住宅改修にも介護保険が使える場合があります。

料金の目安 ※負担割合「1割」で算定
突発的な事項のため、担当ケアマネジャーと要相談

Q 薬の封を開け、口に入れて飲ませることは頼めるの？
（71歳／要介護2／独居）

母は、高血圧で長年薬を飲んでいますが、軽度の認知症から、最近薬を嫌がって飲みません。主治医からは絶対に飲むよう言われていますが、私が薬の封を開けて手のひらに薬を載せても、嫌がってごみ箱に捨ててしまうこともあります。ヘルパーさんに、薬を開封し、口の中に入れて飲ませるように頼めないでしょうか？

A

服薬の介助は、本人の心身の健康の維持に必要なので、ヘルパーさんに頼めます。意識がある人に対しては、ヘルパーさんが薬を開封し、薬を手のひらに載せて渡す、あるいは口の中に入れて飲ませることも頼めます。ただし、意識のない人への服薬の介助は、むせ込んだり、唾液が気管などに入ってしまったりする可能性があるためお願いできません。本人の心身の状態を観察・判断した上で、家族とスタッフで話し合う必要があります。なお、ヘルパーさんが服薬介助できるのは、「一包化された薬」のみです。

料金の目安 ※負担割合「1割」で算定
一連の身体介護に含まれると想定され、単体での算定なし

Q 湿布を貼ってもらうことは頼めるの？
（78歳／要介護1／独居）

私は、10年前に妻と死別して以来、1人暮らしです。足腰が弱ってきたせいか、廊下でふらつき、後ろに倒れそうになって、柱に背中をぶつけてしまいました。病院に行くほどでもないので湿布を貼ろうと思いましたが、背中に手が届かず、自分ではできません。いつも訪問してくれるヘルパーさんに湿布を貼るのを頼めないでしょうか？

A
ヘルパーさんに湿布を貼ってもらうことは、原則問題ありません。打ち身に限らず、肩こりや腰痛の手当てとして使い捨てカイロや湿布を貼ってもらうこと、また心臓病のための発作予防剤を貼ってもらうこともできます。ただこのケースの場合、単なる打撲かどうか、医師に診てもらい、湿布を貼る程度の手当てで大丈夫なことを確認してもらうことが大切です。痛みが続くようなら、専門医を受診しましょう。

> **料金の目安** ※負担割合「1割」で算定
> 一連の身体介護に含まれると想定され、単体での算定なし

Q 床ずれに薬を塗ることを頼めるの？
（80歳／要介護4／同居）

義母は、くも膜下出血の後遺症でマヒがあり、ベッドで寝たきりの生活です。おむつを使用しているため、ときどき体位を変えていますが、つらいのか同じ向きで寝ていることが多く、食欲が落ちて栄養状態も悪くなって、お尻に床ずれができ始めています。私では処置の仕方がわからないので、ヘルパーさんに薬を塗ってもらいたいのですが、頼むことはできますか？

A
床ずれに薬を塗るなどの処置は、医療行為（「医行為」）とされるため、ヘルパーさんには頼めません。床ずれは、医師や看護師に診てもらいましょう。床ずれに関してヘルパーさんに頼める介助は、汚物で汚れた衛生材料（ガーゼ、ラップ、おむつなど）の交換や、床ずれ部分の周囲を水洗いすることなどです。家族は、栄養バランスのとれた食事や、食欲がわく声かけ、まめな体位の変換、圧のかからない姿勢など、床ずれを予防する方法について、ヘルパーさんや専門家にアドバイスをしてもらいましょう。

訪問介護にまつわる Q&A

Q 熱を測ることは頼めるの？
（82歳／要介護2／独居）

母は富山県で1人暮らしです。私と妻は仕事が忙しくて、年に数回しか帰省できません。母は昔から体が弱く、よく熱を出します。先日も、風邪で熱を出して寝込んでいました。あまり弱音を吐かないため、つらいと言えずにがまんしているのではないかと心配です。週に3回来てもらっているヘルパーさんに、毎回熱を測ってもらうことはできますか？

A
体温の測定は医療行為（「医行為」）ではないので、「電子体温計によるわきの下での測定」「耳式電子体温計による耳の穴での測定」「水銀体温計によるわきの下での測定」などのいずれも、ヘルパーさんに頼めます。なお、体温だけでなく、血圧、脈拍、呼吸などもあわせたバイタルサインの確認を行うこともお願いできますが、血圧の測定は、自動電子血圧計によるものに限られます。普段から、発熱や血圧が心配な場合には、不測の事態を防ぐためにも、ヘルパーさんに毎回バイタルサインの確認をお願いしましょう。

料金の目安 ※負担割合「1割」で算定
一連の身体介護に含まれると想定され、単体での算定なし

Q いつものヘルパーさんにたんの吸引は頼めるの？
（77歳／要介護5／同居）

父は胃がんの末期で、本人の希望もあり同居し、週3回の訪問看護と、週6回の訪問介護のサービスを受けています。父は口から物を食べたり水分をとったりすることが困難で、たんも自力で出すことができず、常にたんがからみ、片時も目が離せません。ヘルパーさんにもたんの吸引を頼めるのでしょうか？

A
ヘルパーさんは基本的に医療行為（医行為）を行うことはできませんが、たんの吸引と経管栄養（栄養剤の注入）については、条件（→108ページ）を満たした上で、実施が認められています。ただし、本人または家族の同意があり、担当のケアマネジャーやヘルパーさんが、担当の医師の指示のもと、医療従事者と連携して安全確保がされていなければお願いできません。たんの吸引ができる範囲は、気管カニューレ内（気管を切開した人に着ける人工呼吸器のチューブの中）、鼻腔内（鼻の中）、口腔内（口の中）に限定されています。

料金の目安 ※負担割合「1割」で算定
163円 ※1回につき ※身体介護0で算定

Q インスリン注射を頼めるの？
（76歳／要介護3／同居）

同居している母は、長年糖尿病を患っていて、自分で血糖値を測定し、インスリン注射をしていました。でも最近は糖尿病の合併症により目が見えにくくなり、手の震えもあって、きちんと注射が打てるか心配です。お願いしているヘルパーさんに、インスリン注射を打ってもらうことはできないでしょうか？

A
インスリン注射を打つことは、医療行為（医行為）に該当するためヘルパーさんには頼めません。

ただし、自分自身でインスリン注射を打つ際の、血糖値の測定結果の確認や、注射量の確認、注射する部位の確認、見守りは頼めます。一つひとつの作業をヘルパーさんと一緒に確認し、見守ってもらいましょう。それでも注射が困難な場合は、医師や看護師にお願いします。同居する家族も、血糖値の測定やインスリン注射の方法を覚えるなど、協力できる態勢を整える必要があります。インスリン注射は、決められた量や回数を守らないと命にかかわるため、担当のケアマネジャーにも相談して、迅速に対応しましょう。

Q 呼吸困難になった場合、人工呼吸は頼めるの？
（82歳／要介護1／独居）

近所で1人暮らしをしている伯母は、脳出血の後遺症で言語障害があります。話が相手にうまく伝わらないと興奮して過呼吸状態になり、何度か意識を失うことがありました。いつものヘルパーさんに、万一のときには、人工呼吸などの応急処置をしてもらえるよう頼めるでしょうか？

A
呼吸困難に陥った場合の人工呼吸は、その場にいる人だれでもが行ってよい行為なので、もちろんヘルパーさんにも頼めます。ただし、

本人がC型肝炎やHIVウイルスなどの感染者である場合、感染するリスクがあり、緊急時の対応については、事前に主治医や看護師、契約している事業所とも協議しておく必要があります。最近では、人工呼吸用のマウスガードやマスクなど、感染を防ぐためのグッズもあります。なお、心肺停止時の心臓マッサージなどの蘇生行為も同様に、その場に居合わせただれでもが行ってよい行為です。家族も、機会を見つけて心臓マッサージの方法を習っておくと、安心です。

料金の目安 ※負担割合「1割」で算定

突発的な事項のため、ケアマネジャーと要相談

ヘルパー・介護福祉士ができる 医療行為（医行為）とは

医師や看護師などの国家資格をもつ人だけが行える医療行為。しかし、ヘルパーは高齢者に寄り添い、医療現場と似た状況で働く場面が多いので、医療行為に近い働きが求められることも…。医療行為とそうでない行為の境目が曖昧で、判断に迷うこともありました。そこで、厚生労働省によって2005年から数回にわたり、ヘルパーができる医療的ケアと医療行為が設定されました。

●ヘルパーができる医療的ケア
- 体温計を用いた体温測定
- 自動血圧測定器による血圧測定（水銀血圧計は使用不可）
- パルスオキシメーターを用いた動脈血酸素飽和度の測定
- 軽度な切り傷・すり傷・やけどなど、専門的な判断を必要としない処置
- 湿布を貼る／軟膏をつける（床ずれは除く）／目薬の点眼
- 一包化された服薬の介助
- 座薬の挿入
- 爪切り
- 耳掃除
- 日常的なオーラルケア（歯ブラシや綿棒などを用いて、歯、口腔粘膜、舌の汚れを取り除く）
- ストーマのパウチにたまった排泄物の廃棄　など

さらに、2022年から、以下の行為も「医療行為」からはずし、ヘルパーが行えることになりました。

- インスリン注射に関するサポート（実施の声掛け／見守り／患者への注射器の手渡し／使用後の注射器の片付け／患者が測定した血糖値がインスリン注射実施の範囲と合致しているか確認／患者が準備したインスリン量と医師の指示量と合致しているか確認）
- 血糖測定に関すること（持続血糖測定器のセンサー貼付及び測定値の読み取り）
- 経管栄養に関すること（患者に留置されている経鼻栄養チューブの固定テー

プの貼り換え／経管栄養の準備及び片付け（ただし栄養剤の注入、停止を除く）

- 喀痰吸引に関すること（吸引器にたまった汚水の廃棄／水の補充）
- 在宅酸素療法に関すること（マスクやカニューレを装着していない場合などにおける装着などの準備や離脱後の片付け／酸素供給装置の蒸留水の交換、機器の拭き取りなど）
- NPPV使用患者の人工呼吸器の位置を、医師または看護師の立ち会いのもとで変えること
- 膀胱留置カテーテルに関すること（バッグ内の尿を廃棄／DIBキャップの開閉／バッグ内の尿量及び尿の色の確認）
- 専門的管理の必要がない膀胱留置カテーテル留置中患者の陰部洗浄
- 爪白癬に罹患した爪への軟膏・外用薬の塗布
- とろみ食を含む食事の介助
- 義歯の着脱及び洗浄

痰吸引、経管栄養に関しては、以下のように定められました。

- 登録喀痰吸引等事業者として登録を受けた事業所の介護福祉士が喀痰吸引等を行う場合。

- 登録特定行為事業者として登録を受けた事業所の介護職員（認定特定行為業務従事者認定証の交付を受けた者に限る）が喀痰吸引等を行う場合。

上記の場合、

介護職員ができる医療行為について上記に該当する介護職員ができる医療行為は、医師の指示の下に行われる次の行為に限られる。

- 口腔内の喀痰吸引
- 鼻腔内の喀痰吸引
- 気管カニューレ内部の喀痰吸引
- 胃ろうまたは腸ろうによる経管栄養・経鼻経管栄養

ヘルパーや介護福祉士は、医師や看護師とは違いますので、可能な医療行為には制約があります。しかし、そうすることが、本人はもとより介護にあたるスタッフの安全を守ることにもつながるのです。

Q 壁かけ時計の電池交換は頼めるの？
（99歳／要介護2／独居）

私は1人暮らしで、日々の掃除や買い物などはヘルパーさんに助けてもらっています。先週から壁かけ時計が止まっているのですが、高い所にあるので自分で取り外して電池を交換することができません。交換用の電池は買ってあるので、ヘルパーさんに電池の交換を頼めないでしょうか？

A 時計の電池交換など、専門的な技術がなくてもできる生活用品のメンテナンスは、ヘルパーさんに頼めます。ただし、①1人暮らしで、自分ではできない理由がある人、②同居している家族が障害や病気を抱えていて頼めない人、という条件があります。このケースでは、1人暮らしで、通常の生活もヘルパーさんの介助が必要な状況で、高いところにある壁かけ時計を取り外すのは危険、と考えられます。交換用の電池も、買い置きがなければ食材などの買い物のときに買ってきてもらえます。ただし、腕時計の電池交換など、通常でも専門家にお願いすることは、ヘルパーさんではなく、専門の業者にお願いしましょう。

> **料金の目安**※負担割合「1割」で算定
> 突発的な事項のため、担当ケアマネジャーと要相談

スマートフォンの使い方を教えてもらうのは✕

ヘルパーさんにお願いできることは、あくまでも専門的な技術が不要な生活用品のメンテナンス。最近、よくあるのが「スマートフォンの使い方を教えて」というものです。スマートフォンを持ったのはいいけれど、電話のかけ方がわからない、着信のチェックのしかたがわからないなど、ヘルパーさんにアドバイスを求めるケースが多いのですが、残念ながら、スマートフォンは生活用品ではなく、使い方を説明するには専門的な知識も必要になるので対応してもらえません。また、ヘルパーさんに質問するだけで長時間かかってしまい、せっかくの介護保険サービスの時間を使ってしまうのももったいないですよね。この場合は、専門業者に問い合わせるなど、ご自身での解決が必要です。

ヘルパーさんの
サポートには
ルールが
あるのです

Q ボタン付けなどの修繕は頼めるの？
（79歳／要介護1／独居）

父は、3年前に母が亡くなってから埼玉県で1人暮らしです。わたしは川崎市からときどき様子を見に行きますが、普段はヘルパーさんに料理や洗濯、買い物などをお願いしています。私がいるときには、取れてしまったボタンを付けたりズボンのほころびを繕ったりしていますが、私ができないときにはヘルパーさんに頼めるのでしょうか？

A
簡単なボタン付けや衣類のほころびなどの修繕は、本人の日常生活に必要とされるため、ヘルパーさんに頼めます。ただし、特別な技術を要するような修繕については、専門の業者に依頼しましょう。なお、針や糸などの裁縫道具は、事前に準備しておく必要があります。ない場合は、生活必需品を買いに行ってもらう際に一緒に買ってきてもらいましょう。

料金の目安※負担割合「1割」で算定
突発的な事項のため、担当ケアマネジャーと要相談

Q 花や植木の水やりや、庭の草むしりは頼めるの？
（74歳／要介護2／独居）

私は15年前に夫に先立たれてから1人暮らしです。寂しくないようにと家中に花を飾ったり、庭に草木を植えて育てたりしているうちに、園芸が趣味になりました。しかし最近はひざが痛むため、花や観葉植物への水やりや、庭の雑草の手入れがたいへんになってきました。ヘルパーさんに、水やりや草むしりなどを頼めないでしょうか？

A
介護保険サービスは、通常に日常生活を送る上でだれにとっても最低限必要な事柄について支援することが目的です。このケースのように、切り花や観葉植物への水やり、庭の草むしり、水まきなどの園芸にかかわる行為は、それをヘルパーさんが行わなくても日常生活に支障がない事柄といえるため、ヘルパーさんに頼むことはできません。シルバー人材センターや民間サービスのほか、介護保険以外のサービス（全額自己負担）を提供している事業所であれば頼むことも可能です。担当のケアマネジャーに相談して探してもらうのも一案です。

訪問介護にまつわる Q&A

Q 預金の出し入れは頼めるの？
（83歳／要介護2／独居）

昨年夫が亡くなり、息子は海外に住んでいるため、私は1人暮らしです。足腰が弱くなり、物忘れも多くなってきて、先日では銀行でお金を下ろそうと出かけたのにキャッシュカードを忘れて家に戻ったことも。1人での外出は心配です。いつも来てくれるヘルパーさんなら信用できるので、代わりに銀行でお金を下ろしてもらえないでしょうか？

A
ヘルパーさんに、通帳やキャッシュカードなどの貴重品を預かってもらったり、預金の出し入れをしてもらったりすることは、本人の財産にかかわることなので、介護サービスでは認められていません。ただ、足腰が悪くなり、1人で銀行まで行くのが心配な場合は、ヘルパーさんに外出の付き添い・介助を頼めます。担当のケアマネジャーやヘルパーさんに相談して、自分でできることは自分でし、できないことをヘルパーさんに手伝ってもらう支援を一緒に考えてもらいましょう。なお、都道府県・指定都市社会福祉協議会が行っている日常生活自立支援事業では、預金の払い戻し・預け入れなどの日常生活費の管理や、預金通帳の預かりなどのサービスを行っているので、検討してみるのもよいでしょう。

Q 宅配便や郵便物の受け取りを頼めるの？
（96歳／要介護2／独居）

1人暮らしをしている父方の祖父は、耳がかなり遠く、また認知症の症状も出てきたせいか、近所の人との付き合いも減り、あまり外に出なくなりました。1週間ぶりに訪ねたら、玄関の郵便受けに郵便物や宅配便の不在連絡票が入ったままに。ヘルパーさんに、郵便受けから郵便物を取り出すことや宅配便の受け取りを頼めないでしょうか？

A
本人に代わりヘルパーさんが郵便物を取り出すのは、個人情報にふれる行為となるため頼めません。宅配便の受け取りも「代行」となり、介護保険サービスの適用外です。ただし、本人が自宅にいてヘルパーさんがいるときに宅配便が届いたら、受け取るのを介助してもらうことは可能です。認知症の症状が出てきていて、郵便物のチェックや管理が難しいようであれば、成年後見制度（→172ページ）を利用して、家族か代理人が受け取れるようにするのも一案。郵便物がたまっているのは、防犯上も好ましくないので、担当のケアマネジャーと相談し、早急に手を打ちましょう。

Q 商品の選択・購入の際の見守りは頼めるの？
（73歳／要介護1／独居）

母方の伯父は早くに妻と死別し、子どももいないため、長年1人暮らしです。この頃、物忘れが多く、スーパーで同じ物を何度も買ってきたり、買った商品を置き忘れてきたりと、1人での買い物に自信がないと言います。伯父がスーパーで商品を選んだり購入したりするのをヘルパーさんに見守ってもらうことはできるのでしょうか？

A
ヘルパーさんに、買い物の付き添いやお店で商品を選んだり購入したりするのを見守ってもらうことは、本人の意欲や自立を促す支援となるので頼めます。一緒に買い物をし、ヘルパーさんが一部支援を行う場合には「身体介護サービス」の扱いとなりますが、本人が寝たきりなどでヘルパーさんが代わりに買い物に行く場合には「生活援助サービス」の扱いとなり、サービス料が異なります。また、買い物の付き添いや商品選びを見守ってもらう場合でも、ヘルパーさんにお金を預けて代わりに支払いをしてもらうことは頼めません。あくまでも支払いは本人が行う必要があります。

料金の目安 ※負担割合「1割」で算定	
387円	※1回につき ※身体介護2で算定

Q 処方箋を預けて薬の受け取りを頼めるの？
（79歳／要介護3／独居）

母は香川県で1人暮らしで、毎月1人で病院に行き、処方された薬を薬局でもらってきていました。最近、腰のヘルニアのせいで長時間同じ姿勢でいられず、混んでいる薬局で薬をもらうまで座って待つのがつらいようです。ヘルパーさんに処方箋を預けて、代わりに薬局で薬を受け取ってもらうことはできないでしょうか？

A
ヘルパーさんに処方箋を預けて、本人や家族の代わりに薬局で薬を受け取ってもらうことは、本人の健康にかかわるため、本人や家族の同意があれば生活援助サービスとしてお願いできます。その際、薬局には代わりに行くヘルパーさんの名前を事前に伝えておく必要があります。また、「お薬手帳」を持っている場合は、ヘルパーさんに渡して薬局で記載してきてもらいましょう。なお、「居宅療養管理指導」として薬剤師が医薬品を届けてくれるサービスもあります。

料金の目安 ※負担割合「1割」で算定	
220円	※1回につき ※生活援助3で算定

通所介護

▶「デイサービス」と呼ばれ、日中を施設で過ごす

通所介護とは一般的に「デイサービス」と呼ばれ、施設に通ってレクリエーションや機能訓練を行い、食事、入浴サービスの提供を受けます。医療的なケアを重視した「療養通所介護」もあります。**利用時間は最長で8時間以上9時間未満**ですが、延長できる場合もあります。サービスによっては追加料金が発生します。

デイサービスの1日

デイサービスでは主に、入浴・昼食・レクリエーションといったサービスが提供されます。

入浴の介助や施設内での介護全般は介護保険サービスの適用内です。しかし提供される食事やおやつ、歯ブラシやレクリエーションで使う材料、使用しているようであればおむつ、さらには施設によっては実施している理美容サービスの提供などは基本的に全額自己負担です。どこまでが介護保険適用内で、どこからが自己負担なのか、その結果1回につきいくらかかるのかなど、事前によくケアマネジャーや施設の担当者から説明を受けて検討しましょう。

追加料金が発生する主なサービス

上記のような実費がかかるサービスのほか、特別なサービスを利用する場合も料金が加算されます。たとえば「個別機能訓練」「入浴介助」「時間延長」などです。

利用料 ※介護保険の自己負担割合を「1割」で算定

要介護（要支援）度、利用時間などで決まります。たとえば「要介護2」で、7～8時間の利用の場合、

通所介護費：777円

各種加算：100～200円程度

これに加え、昼食の実費（500円程度）のほか、おやつ、レクリエーションの材料費や歯ブラシなどの部材費がかかります（100～200円程度）。

※おむつを使用している場合には、おむつの実費も追加されます

デイサービス1日の流れ（例）

8：30　お迎え

10：00　朝礼／健康チェック

10：30　入浴
　　　　個別レクリエーション

11：45　嚥下体操

12：00　昼食

13：30　集団レクリエーション

15：00　おやつ

16：30　帰宅

要支援の場合

市（区）町村で行っている介護予防・日常生活支援総合事業のサービスを利用します。

サービス利用のポイント

介護者の負担を減らすために有効

デイサービスは、**外出したり人と触れ合ったりできるため、気分転換になり、高齢者の閉じ込もりや孤立を防ぐ**ことにつながります。また、介護する家族にとっても、デイサービスを利用している間は介護から解放されますので、心身共に休むことができます。

"お泊まりデイ"とは?

通所介護の施設で、デイサービスの利用者に宿泊サービスを提供しているところがあり、"お泊まりデイ"と呼ばれています。これは介護保険のサービスではないため、宿泊費用は全額自己負担となります。利用時間や費用などは各施設によって異なりますので、ケアマネジャーとよく相談しましょう。

追加料金・自己負担分の確認を

デイサービスでは、利用者の体調管理や日常生活援助を行うとともに、食事やレクリエーション、体操、趣味といったプログラムを提供します。食事、おむつ代などは自己負担になりますので、契約時にきちんと把握しておきましょう。

主な自己負担

- 食費（昼食・おやつ）

- おむつ

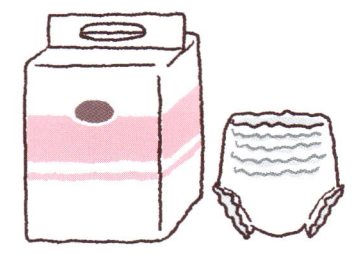

- 日常生活費（教養娯楽費など）

"療養通所介護"とは？

がん末期や難病などで重度の要介護状態にあり、医療的なケアを必要とする人の通所ニーズに対応したもので、看護師などが常時介護に当たります。1か月12,785円（自己負担割合が「1割」の場合）単位で、送迎・入浴介助も基本サービスに含まれます。

通所リハビリテーション

▶「デイケア」と呼ばれ、施設で機能訓練を行う

通所リハビリテーションは一般的に「デイケア」と呼ばれ、**施設に通い主治医の指示に基づいて、施設で理学療法、作業療法、言語聴覚療法などによるリハビリテーション**が行われます。利用時間は最長で7時間以上8時間未満、延長できる場合もあります。施設への送迎はサービスに含まれますが、サービスによっては追加料金が発生します。

歩行などの機能訓練

歩行の機能訓練は、体の状態にあった歩行改善を行います。たとえば、平行棒を使って前歩き、横歩き、後ろ歩きなどです。

理学マッサージ

理学療法士による、理学マッサージも受けられます。そのほかに専門家によるリハビリテーションが受けられます。

サービス利用のポイント

利用者に合った機能訓練をしてくれる施設選びを

デイケアを行う施設には、必ず医師とリハビリテーションの専門職員が配置されています。利用する場合には、本人に合った機能訓練をしっかり行ってくれる施設を選び、実際に施設を見学してみましょう。

利用料 ※介護保険の自己負担割合を「1割」で算定

要介護（要支援）度、利用時間などで決まります。たとえば「要介護2」で、2〜3時間の利用の場合、

　通所介護費：439円／1回

　各種加算：月600〜1,000円程度

ただし、短期集中の場合には1回につき110円、入浴介助を受けた場合には1回につき40円の追加料金がかかります。

自己負担・追加料金分の確認を

食事やレクリエーション、趣味などを行う時間もあります。食事、おむつ代などは自己負担になりますので、契約時に把握しておきましょう。

主な自己負担と追加料金分

自己負担
- 食費（昼食・おやつ）
- おむつ代
- 日常生活費（教養娯楽費、理美容代など）など

追加料金
- 短期集中個別リハビリテーション
- 入浴介助
- 栄養改善
- 口腔機能向上
- 時間延長
- 若年性認知症利用者受け入れ

要支援の場合

介護予防通所リハビリテーション
利用料は送迎・入浴料を含み、1か月ごとの設定です。要支援度と施設の種類によって異なります。

短期入所生活介護／短期入所療養介護

▶「ショートステイ」と呼ばれ、短期間だけ入所する

短期入所は一般的に「ショートステイ」と呼ばれ、介護老人福祉施設などに常に介護が必要な人が短期間入所をして、入浴や食事などの日常生活の援助や、機能訓練などを受けます。ただし、**連続で利用できる期間は原則30日間まで**です。

生活介護

介護老人福祉施設（特別養護老人ホーム、いわゆる「特養」）や短期入所の専用施設が利用でき、主に日常生活の援助が受けられます。

療養介護

介護老人保健施設（いわゆる「老健」）や、介護医療院などの医療的なケアが受けられます。

ショートステイの1日

入所したら、朝・昼・おやつ・夜の食事に加え、週2~3回の入浴介助や嚥下体操、レクリエーションやリハビリなどといったサービスが提供されます。

ショートステイの送迎は通所介護（デイサービス）と異なり、追加料金の対象となります。施設内の介護全般は介護保険サービスの適用内ですが、デイサービスと同様、食事やレクリエーションの材料などの実費は基本的に全額自己負担となります。そのほか追加料金で受けられるサービスもありますので、ケアマネジャーや施設の担当者と相談しながら詳細を決めましょう。

追加料金が発生する主なサービス

入所・退所時の送迎、本人の状態に応じた療養食、手厚い看護職員の配置、個別の機能訓練、緊急短期入所受け入れなど、施設によってさまざまなサービスの提供を受けられます。

ショートステイ 入所日の流れ（例）

10：00	お迎え・入所

10：00	バイタルチェック
11：00	嚥下体操
12：00	昼食・口腔ケア・服薬

13：00〜17：00	レクリエーション・リハビリ
（15：00	おやつ・休憩）
18：00	夕食など（自由時間も）
21：00	就寝

利用料 ※介護保険の自己負担割合を「1割」で算定

要介護（要支援）度、利用時間や、個室のタイプなどで決まります。たとえば「要介護2」でユニット型個室の場合、

短期生活費：815円／1日

これに加え、食費（1食500円程度）のほか、送迎に片道200円程度などの費用がかかります。

要支援の場合

介護予防短期入所生活介護・介護予防短期入所療養介護

サービスの内容は介護予防を目的としたものとなります。利用料は1日ごとの設定で、①要支援度、②施設の種類、③部屋のタイプ、によって決まります。

サービス利用のポイント

介護が困難になったときに利用できる

本人の体調変化で在宅介護が難しくなった場合や、介護をする家族が体調を崩した場合、冠婚葬祭のため介護ができないといった場合に活用できるのが「ショートステイ」です。1〜2か月前に予約しなければ入所できないことが多いようですが、緊急入所枠を用意している施設もあります。必要になった際にはまずはケアマネジャーに相談しましょう。

ショートステイを聞いてみよう

介護者のリフレッシュを目的に

通所介護（→114ページ）と同様に、ショートステイも「介護者のリフレッシュ」という目的で利用することができます。家族の介護疲れ解消のため、定期的にショートステイをケアプランに組み込むことも考えてみましょう。

ここでショートステイを入れましょう

本人のストレスに配慮を

急にいつもと違う場所で生活するとなると、だれでも不安を感じるものです。とくに高齢者は自宅以外の場所に数日間宿泊すること自体が、大きなストレスになりがちです。本人の不安や疑問をよく聞き、ショートステイについてサービス内容や、施設入居との違いなどを、説明することが大切です。

自己負担と追加料金の対象の把握をしておく

ショートステイは、基本料金（食事介助・入浴介助などの費用）のほか、特別サービス（送迎、個別機能訓練など）の追加料金や、介護保険外の自己負担（食費や居住費、日常生活費など）が必要です。基本料金は施設や要介護（要支援）度によって異なりますが、介護保険が適用されます。何にいくらかかるのかを把握しておきましょう。

主な自己負担

- 食費（朝昼晩の食事・おやつ）
- 居住費・光熱水費
- 日常生活費（教養娯楽費、理美容代など）など

※タオルや洗面用具などの日用品に対して費用を請求するところもありますが、持参すれば支払う必要はありません。

介護老人保健施設とリハビリテーション病院の違い

急性期病院から退院するときに、いきなり自宅では不安な場合、リハビリテーション病院で回復を目指します。リハビリテーション病院は医療保険の管轄。そこから、自宅で生活ができるよう、さらにサポートする介護施設が介護老人保健施設です。リハビリテーション病院と老人保健施設にはそれぞれ、症状によって入院（入所）期間が決まっています。

目的が違います

急性期病院 ➡ リハビリテーション病院 ➡ 介護老人保健施設 ➡ 自宅

←―― 医療保険 ――→　←―― 介護保険 ――→

認知症対応型通所介護

▶ 認知症の高齢者を対象にしたサービス

認知症対応型通所介護は、認知症の高齢者だけを対象にして、**10人程度の少人数で行われる通所介護（デイサービス→114ページ）です。**施設には単独型、併設型、共用型があり、いずれも送迎サービスがついています。なお、これは事業者と同じ市（区）町村の住人だけが利用できる「地域密着型サービス」です。

単独型

民家などを認知症対応型デイサービスとして利用するタイプ。

併設型

○×病院

特別養護老人ホームや医療機関、介護老人保健施設などに併設されているタイプ。

共用型

グループホームなどの共用部分（食堂・居間）を利用するタイプ。施設に入居している人たちとともに過ごします。

追加料金が発生する主なサービス

- 個別機能訓練
- 入浴介助
- 栄養改善
- 口腔機能向上
- 時間延長

専門的な認知症ケアが可能

認知症対応型通所介護は、認知症の方へのケアを目的としているため、通常のデイサービスよりも専門的なケアを受けられます。認知症の特性を踏まえ、本人が楽しく通い続けられるように、きめ細かい介護が提供されます。

施設の雰囲気、職員との相性をチェック

認知症ケアに焦点を絞ったサービスなのでプログラムが特に決まっているわけではありません。施設の雰囲気や職員との相性など、本人が落ち着いて過ごせるかどうかが、施設選びのポイントになります。将来的にグループホームや特養、老健などへの入居・入所を検討しているなら、その施設が実施している認知症対応型通所介護を利用して、確認するとよいでしょう。

利用料

要介護（要支援）度、利用時間や、施設のタイプなどで決まります。たとえば「要介護2」で、単独型の施設を7〜8時間利用する場合、

認知症型通所介護費：1,102円／1日
各種加算：100〜200円程度

これに加え、昼食の実費（500円程度）のほか、おやつ、レクリエーションの材料費や歯ブラシなどの部材費がかかります（100〜200円程度）。
※おむつを使用している場合には、おむつの実費も追加されます

認知症ケアのポイント

□本人の人権・意思を尊重する
□本人の健康管理をしっかりと行う
□なじみの人間関係をつくる
認知症の高齢者は新しく出会った人を覚えることが困難です。少人数のグループで、なじみの人間関係ができれば、認知症の人同士でもお互いが理解できます。
□本人が何らかの役割をもって参加できる環境を整える
本人の得意なこと、関心のあることに取り組んでもらうことで、意欲を引き出します。
□自然や地域との触れ合いをもつ
認知機能は低下していても、感情は豊かに残っています。
□問題行動を押さえ付けず受け止める
認知症の問題行動には、その人なりの意味があります。行動を押さえ付けるのではなく、観察と記録を通して原因を探り、それを受容的に受け止める方策を探ります。

主な自己負担

- 食費（食事・おやつなど）
- おむつ代
- 日常生活費（教養娯楽費など）など

要支援の場合

介護予防認知症対応型通所介護
サービスの内容は介護予防を目的としたものとなります。基本的な利用料の考え方は左記と同じです。

通所介護にまつわる Q&A

Q デイサービスへの送り迎えを
ヘルパーさんに頼めるの？
（69歳／要介護2／同居）

先日、担当のヘルパーさんに付き添ってもらいながら、私と父でデイサービスセンターを数か所見学しました。その中で、父が気に入ったデイサービスセンターがあったのですが、父はいつも通院介助をお願いしているヘルパーさんにデイサービスセンターまでの付き添いをお願いしたいと言っています。今お願いしているヘルパーさんにデイサービスセンターまでの送り迎えも頼めないでしょうか？

A 自宅とデイサービスセンター間の送り迎えは、デイサービスの基本サービスに含まれています。つまり、デイサービスセンターのスタッフが送り迎えは行いますので、原則としてはヘルパーさんにお願いすることはできません。ただし、自宅からの送り出しや、デイサービスから自宅に戻ったときの迎え入れは、ヘルパーさんにお願いすることが可能です。とはいえ、時間ぴったりにデイサービスの送迎車が到着するとは限らないので、担当のケアマネジャーに相談してみましょう。

Q デイサービスセンターまで、
ヘルパーさんに忘れ物を
届けてもらえるの？
（78歳／要介護1／同居）

同居している義母は、週に2回デイサービスセンターに通っています。高血圧のため、降圧薬を持っていきます。しかし、ときどき持っていくのを忘れてしまい、私が届けています。必ず昼食前に飲まないといけないので心配ですが、私も仕事をもっているので、毎回届けることができません。そこでヘルパーさんにデイサービスセンターまで薬を届けてもらうことはできますか？

A 介護保険制度では、本人が不在の状態で訪問介護サービスは行えないので、できません。しかし、薬の飲み忘れは重大なことなので、家族が前日に荷物の準備をするなどの工夫が必要です。また、本人がわからない場所（かばんの二重底など）に予備の薬を入れておき、デイサービスセンターのスタッフに伝えておくのも一案。あるいはヘルパーさんに送り出しをお願いし、その際にデイサービスの運転手に薬を渡してもらうことも可能ですので、担当のケアマネジャーに相談してみましょう。

デイサービスセンターに通う場合など、通所介護事業所のスタッフの業務を、馴染み深いからといって訪問介護のヘルパーさんにお願いすることはできません。

送迎にまつわるあれこれ

自宅からデイサービスセンター間の送迎は、デイサービスセンターのスタッフが行うことが原則です。本人の家のすぐ近所のデイサービスセンターへの送迎も歩いて行うなどサポートが求められています。

2021年度からは、本人の負担軽減や利便性向上の観点から、自宅が始点または終点となる場合の目的地間の移送についても、同一の事業所が行うことを条件に可能となりました。

●デイサービスセンターから病院などに行く場合

家 → デイサービスセンター → 病院 → 家

※病院から家への送迎の際「通院等のための乗車または降車の介助」として算定できる場合のみ、デイサービスセンターから病院への送迎も「通院等のための乗車または降車の介助」として算定が可能。

●ショートステイから病院などに行く場合

家 → ショートステイ → 病院 → 家

※病院から家への送迎の際「通院等のための乗車または降車の介助」として算定できる場合のみ、ショートステイの事業所から病院への送迎も「通院等のための乗車または降車の介助」として算定が可能。

●家から病院などに行き、病院などからデイサービスセンターに行く場合

家 → 病院 → デイサービスセンター → 家

※家から病院への送迎の際「通院等のための乗車または降車の介助」として算定できる場合のみ、病院からデイサービスセンターへの送迎も「通院等のための乗車または降車の介助」として算定が可能。

2024年より以下も可能になりました。

●送迎の範囲

本人の送迎について、本人の自宅と事業所間の送迎を原則とするが、運営上支障がなく、本人の居住実態（近隣の親戚の家など）がある場所に限り、当該場所への送迎を可能とする。

●他介護事業所利用者との同乗

介護サービス事業所において、他事業所の従業員が自事業所と雇用契約を結び、自事業所の従業員として送迎を行う場合や、委託契約において送迎業務を委託している場合（共同での委託を含む）には、責任の所在などを明確にした上で、他事業所の利用者との同乗を可能とする。

●障がい福祉サービス利用者との同乗

障がい福祉サービス事業所が介護サービス事業所と雇用契約や委託契約（共同での委託を含む）を結んだ場合、責任の所在などを明確にした上で、障がい福祉サービス事業所の利用者も同乗することを可能とする。

※障がい福祉サービス事業所とは、同一敷地内事業所や、併設・隣接事業所など、本人の利便性を損なわない範囲内の事業所とする。

通所介護にまつわる Q&A

Q 玄関から送迎バスまでの移動の介助をヘルパーさんに頼めるの？
（68歳／要介護3／同居）

車いすを使っている父は、週2回デイサービスに通っています。自宅の前の道は狭く、送迎バスが入れないので、父の車いすを私が押して送迎バスまで送りとどけなくてはいけません。自宅前の道は舗装されていない私道なので、車いすを押すのも一苦労です。そこで、いつものヘルパーさんに玄関から送迎バスまで車いすを押して父を連れていってもらうようお願いできますか？

A
デイサービスの送迎範囲は自宅からなので、ヘルパーさんにお願いすることはできませんが、デイサービスセンターの送迎スタッフにお願いすることはできます。ぜひデイサービスのスタッフに相談し、自宅から車いすを押してもらえるようにしましょう。舗装されていない道を、お父さんを乗せた車いすを押すのは難しく、危険です。転倒してけがにつながることのないよう、早めに対処しましょう。

Q デイサービスに行くしたくは頼めるの？
（85歳／要介護2／同居）

同居の父は、週2回デイサービスに通っているのですが、最近認知症が進行し、忘れてしまいます。私もうっかりして仕事に出かける際にデイサービスの送迎車が来ていることに気づき、あわてて父を促して、したくをすることも…。私自身の出勤時間があるので焦ります。父がデイサービスに行く日に、ヘルパーさんに父のしたくをお願いできますか？

A
このようなケースは、外出の準備に手助けが必要なので、ヘルパーさんに外出のしたくの手伝いをお願いすることができます。また、デイサービスセンターのスタッフにもお願いできる場合もあります。このときは、車に他の利用者さんがいないことが条件となるので、ピックアップしてもらう順番の相談をするのも一案。デイサービスセンターのスタッフにお願いする場合は、家の中でのしたく（着替えや戸締りなど）の介助を30分以内で行うことも条件となるので、担当のケアマネジャーと相談しながら最適な支援を検討してもらいましょう。

料金の目安 ※負担割合「1割」で算定

244円 ※1回につき ※身体介護1で算定

ヘルパーとデイサービスセンターの
スタッフの送迎範囲とは

デイサービスを利用する場合、送迎時にヘルパーさんにお願いできる範囲とデイサービスセンターのスタッフにお願いできる範囲が決まっています。
基本的には自宅内から玄関までの範囲をヘルパーさんに、玄関から送迎車までの範囲をデイサービスセンターのスタッフに介助してもらうのがルールです。

ヘルパーとデイサービスセンターのスタッフの送迎範囲

しかし、近年の改定でデイサービスセンターのスタッフに居宅内介助サービスをお願いできるようになりました。着替えやベッドから車いすへの移乗、戸締り、電気の消灯・点灯などです。しかし、このサービスを利用するには条件があります。

- ●居宅内介助サービスが提供できるデイサービスである
- ●ケアプランに「居宅内介助サービスが必要」である旨が明記されている
- ●すべての送迎前後の支援を30分以内に行うことができる
- ●送迎車に他の利用者が乗っていない　など

ヘルパーさんに送り出しや出迎えをお願いする場合は、送迎車が必ず時間通りに到着するとは限らないので、タイミングを合わせるのが難しいですが、デイサービスセンターのスタッフであれば、その点は安心ですね。
上記の条件を満たすことができるかどうか、ケアマネジャーやデイサービスセンターのスタッフと相談してみましょう。

特定施設入居者生活介護

▶ 有料老人ホームや軽費老人ホーム（ケアハウス）に入居する

特定施設入居者生活介護とは、厚生労働省が定めた基準を満たしている「有料老人ホーム」「軽費老人ホーム（ケアハウス）」などといった「特定施設」で暮らす人に提供される介護保険サービスです。これら「特定施設」は介護保険法上では「自宅」とみなされ、入居者は自宅同様のサービスを受けることができます。サービスの形態は「一般型」と「外部サービス利用型」に分けられます。なお、事業者と同じ市（区）町村の住人だけが利用できる「地域密着型サービス」の施設もあります。

一般型（内部提供型）

- ケアマネジャー
- 介護福祉士／ヘルパー
- 理学療法士　など

特定施設の入居者に対して、施設がケアプランを作成して、施設の職員が一括して介護サービスを提供します。短期利用（原則30日以内）ができる場合もあります。

利用料 ※介護保険の自己負担割合を「1割」で算定

要介護（要支援）度により決まります。たとえば「要介護2」の場合、

特定施設生活介護：609円／1日

これに加え、食費（1食500円程度）のほか、居住費や光熱水費などがかかります。

外部サービス利用型

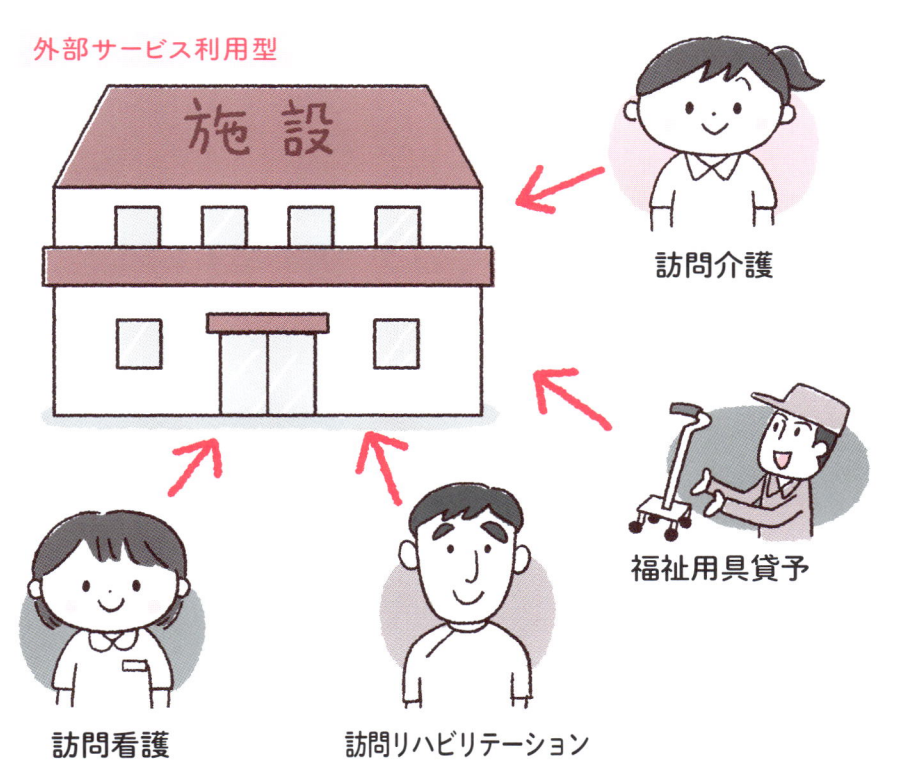

訪問介護

福祉用具貸予

訪問看護　　訪問リハビリテーション

特定施設ではケアプラン作成や安否確認などの
基本部分だけを行い、それ以外の介護サービスは
施設が契約している外部事業者が提供します。

利用料 ※介護保険の自己負担割合を「1割」で算定

基本部分の料金に、利用した介護
サービスの費用が追加されます。
「要介護2」の1か月の支給限度額
は19,705円です。

基本部分：83円／1日

これに加え、食費（1食500円程度）の
ほか、居住費や光熱水費などがかかり
ます。

主な自己負担（一般型／外部サービス型共通）

- 食費（朝昼晩の食事・おやつ）
- 居住費・光熱水費・共益費・管理費
- おむつ代
- 日常生活費（趣味教養など）など

要支援の場合

介護予防特定施設入居者生活介護
サービスの内容は介護予防を目的とし
たものになります。基本的な利用料の
考え方は左記と同じです。
地域密着型の特定施設入居者生活
介護は利用できません。

サービス利用のポイント

提供されるサービスの確認を

特定施設入居者生活介護のサービス内容は、「一般型」と「外部サービス利用型」で違います。

「一般型」では、すべて施設にお任せできて手軽ですが、施設によっては本人が望むサービスを提供してもらえないこともあります。なお、福祉用具貸与（→82ページ）の利用はできません。

「外部サービス利用型」では、訪問・通所系のサービスや福祉用具貸与を利用できます。ただし、施設が契約しているサービス事業者しか選ぶことができません。どのようなサービスがどれくらい利用できるのか確認しましょう。

「一般型」と「外部サービス利用型」のどちらがよいかよく考えないとね

介護保険サービスか自己負担かの確認を

特定施設入居者生活介護を利用する際は介護保険を利用できますが、介護保険をどのように利用したかが不透明になりがちです。施設によっては介護保険サービス以外に独自のサービスを提供している場合がありますが、それについては全額が自己負担になります。不要なサービスまで頼んでいないか、チェックしておきましょう。「共益費・管理費」の内訳も確認しましょう。

ふむ ふむ・・・

「契約」するときは解約の条件も
しっかり把握してから

施設での生活が快適かどうかなど、実際に住んでみてはじめて感じることもあるでしょう。住み心地やサービスの内容に満足できないときは入居後、すぐに解約したくなることも考えられます。解約した場合には入居一時金は返還してもらえるのか、解約できる期間は決まっているのかなどについても、契約の段階で確認しておきましょう。

「有料老人ホーム」の3つのタイプを見極めよう

● 介護付き有料老人ホーム
介護保険で定められた基準を満たしていて、介護や食事のサービスを受けることができます。

食事○　介護○

● 住宅型有料老人ホーム
食事などのサービスを受けることができる、高齢者向けの居住施設です。あくまでも居宅として扱われ、介護が必要となったときにはじめて、個人のケアプランに従ってサービスを利用します。

あくまで居宅

● 健康型有料老人ホーム
食事のサービスなどを受けることができますが、基本的に自立の人を対象としており、介護サービスは提供されません。介護が必要となったときには、原則契約を解除して退去しなければなりません。

自立が基本

認知症対応型共同生活介護

▶「グループホーム」と呼ばれる少人数で生活する施設

認知症対応型共同生活介護は、一般的に「グループホーム」と呼ばれ、比較的安定した状態である認知症の高齢者が、**少人数の家庭的な雰囲気のもと、地域住民との交流を図りながら共同生活を送ります**。利用者の能力に応じて自立した生活を送ることができるよう、介護サービスが提供されます。

このサービスは、主治医の診断書などにより認知症の状態にあることが確認されなければ利用できません。なお、これは事業者と同じ市（区）町村の住人だけが利用できる「地域密着型サービス」です。

居室
原則として個室です。プライバシーが守られることで、人間関係を穏やかに保つことができます。

共用スペース
台所、食堂、浴室は共用です。互いに協力し助け合いながら生活します。

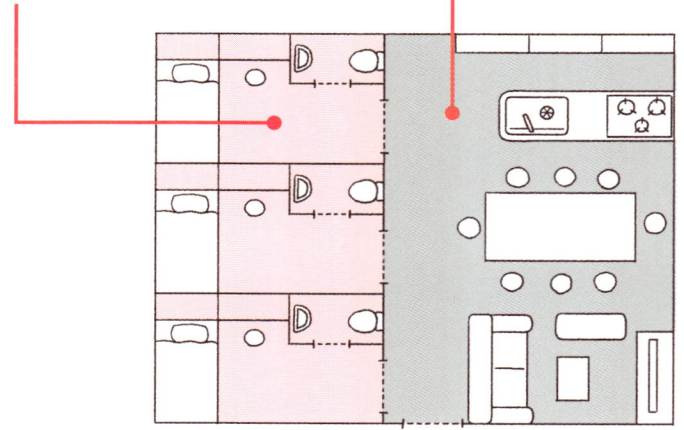

見守りは24時間
職員は入居者3人当たり1人の割合で配置されます。夜間も職員が常駐します。

利用料 ※介護保険の自己負担割合を「1割」で算定

要介護（要支援）度により決まります。たとえば「要介護2」の場合、
認知症対応型共同生活介護費
：801円／1日
これに加え、食費（1食500円程度）のほか、居住費や光熱水費などがかかります。

快適に過ごせる環境か
しっかり確認を

施設の雰囲気がしっくりこない場合もあるので、施設選びの際には、必ず本人と一緒に見学に行き、本人が施設の雰囲気になじめるかどうかを確かめましょう。認知症対応型通所介護（→124ページ）や、原則最長30日間のショートステイを行っている事業者もあるので、それらを利用してみてから決めるとよいでしょう。

医療面での連携を
確認しよう

高齢者の健康状態は変化しやすいものです。医療機関との協力態勢や、重症化して医療ケアが必要になった場合の対応を確認しておきましょう。病院に長期入院したり、重度の要介護状態になったりすると退居しなくてはならない場合もあります。万が一の看取りの対応についても確認しておくとよいでしょう。

ほかのサービスとの
併用はできない

グループホームでは、他の介護保険サービス（訪問・通所・福祉用具貸与・住宅改修など）を併用することはできません。居宅療養管理指導（→80ページ）は利用できます。

介護サービス以外は
全額自己負担

グループホームは介護サービス付きの「賃貸住宅」のようなものです。介護保険サービス以外の生活にかかる費用はすべて自己負担になります。介護保険サービスも1〜3割は自己負担です。月々どのくらいの費用がかかるのか、把握しておきましょう。

主な自己負担

- 居住費
- 食材料費
- 光熱水費
- おむつ代
- 理美容代
- その他、日用品など

要支援の場合

介護予防認知症対応型共同生活介護
サービスの内容は介護予防を目的としたものになります。「要支援2」の人だけが利用でき、「要支援1」では利用できません。利用料の考え方は「要介護1」と同じです。

介護保険施設に入居する①

▶ 施設サービスが利用できるのは「要介護」の人だけ

介護保険施設は公的施設に該当し、民間施設と比べて費用が比較的安価であることが特徴です。介護保険施設に入所（入院）して生活しながら、身体介護、生活援助、栄養管理などの介護保険サービスを受けます。利用するに当たっては、目的に合った施設を選ぶことと、生活費も含めた費用をきちんと把握しておくことが大切です。施設サービスは「要介護」の人だけが利用でき、「要支援」の人は利用できません。

施設利用料

居住費（部屋代・ベッド代・光熱費など）
食費
日常生活費（理美容代、日用品など）
個別対応のサービス（特別食など）

→ 自己負担

施設介護サービス費

身体介護
生活援助
栄養管理
おむつ代　など

→ 介護保険

介護保険の追加料金対象（例）

- 初期（入所後30日以内）
- 個別機能訓練
- 看取り介護
- 栄養マネジメント
- 在宅復帰支援機能
- 専従・常勤医師の配置
- 療養食
- 経口移行（栄養チューブで栄養摂取している人に対し、口から食事がとれるよう栄養管理などを行う）
- 経口維持
- 短期集中リハビリテーション実施

サービス利用のポイント

予算の確認と施設選びの見極め

介護保険施設には福祉系と医療系があり（→138ページ）、居室のタイプも個室や多床室などさまざまです。利用する人が安心して生活できる施設かどうか、十分に検討して選びましょう（→140ページ）。

介護保険施設に入所（入院）すると、生活に必要なものの多くが施設から提供されますが、居住費・食費・施設サービス費などを含めた「施設利用料」がいくらになるかは、施設との間で交わした契約によります。介護保険サービスの負担額と生活費などを合わせて、毎月の出費がどのくらいか、無理なく払えるのかを検討しましょう。

また、緊急時にどのように対応してもらえるのか、苦情や相談への対応はどうなっているのかなど、あらゆる観点から確認しましょう。

居住費・食費など全額負担のものも

居住費・食費・光熱費といった、いわゆる「ホテルコスト」や、日常生活費については全額が自己負担です。これは、自宅で生活をしながらサービスを利用する人と、介護保険の利用に差が生じないようにするためです。

※居住費と食費については、施設との契約によって決まるのが原則ですが、利用者の所得に応じて負担の上限額が定められており、低所得の人は少ない負担で利用できるようになっています。

介護保険の対象内、対象外を把握しよう

施設によっては、本人の希望に応じてさまざまなサービスを提供してくれる場合があります。介護保険の対象にならないサービスについては、全額自己負担になるので注意しましょう。たとえば、医療的観点からの療養食は介護保険の対象になりますが、本人の嗜好に合わせた特別食は介護保険の対象外となります。

嗜好に合わせた
食事は自己負担

介護保険施設に入居する②

▶ 介護保険施設の種類は「福祉系」と「医療系」

介護保険施設は、大きく福祉系と医療系に分けられます。**入所条件や提供されるサービスは施設の種類によって異なります**ので、本人の身体状況や必要としている介護に適した施設を選ぶことが求められます。パンフレットで比較検討したり、実際に見学や体験入所をしたりして、内容をしっかりと確認しましょう。

福祉系
● 介護老人福祉施設（特別養護老人ホーム／特養）

居室　　　　　共用スペース

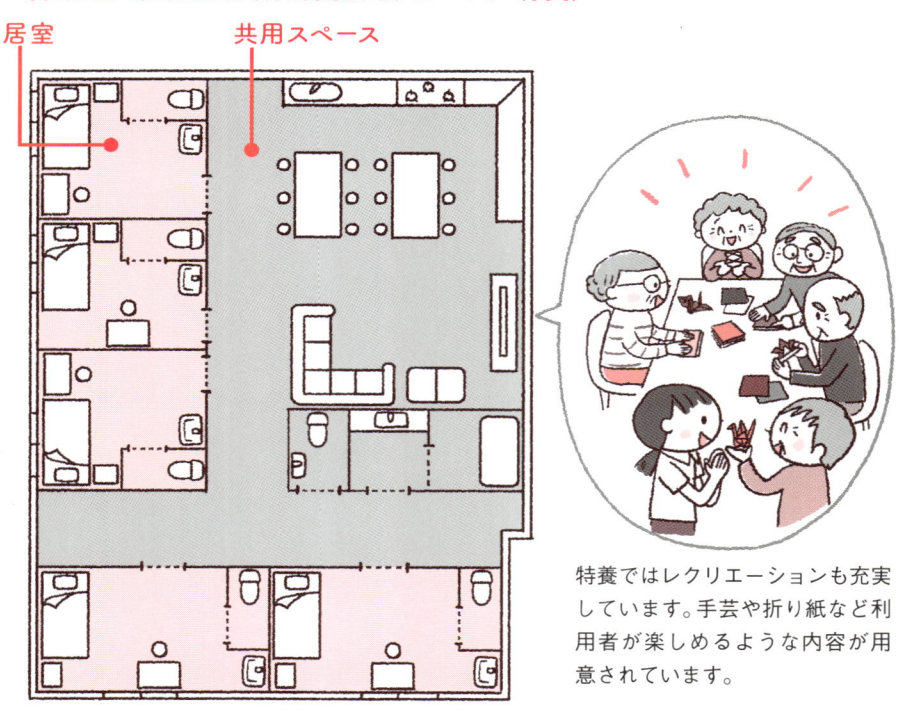

特養ではレクリエーションも充実しています。手芸や折り紙など利用者が楽しめるような内容が用意されています。

主に市（区）町村や社会福祉法人が運営する公的施設です。24時間体制で介護が受けられ、費用も比較的安いことから人気があり、すぐに入居することが難しいのが現状です。原則として要介護3以上の人が入居できます。（→150ページ）

医療系

●介護老人保健施設（老健）

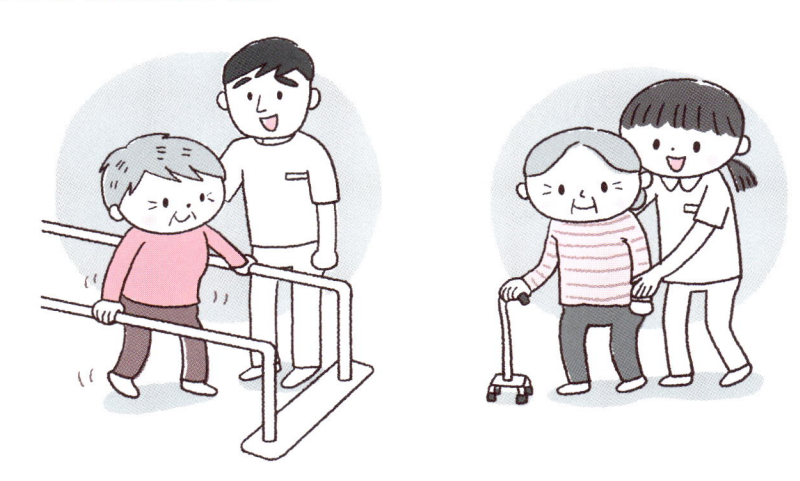

作業療法士や理学療法士によるリハビリテーションをメインに行い、入居者が在宅復帰することを目的とした公的施設です。医師や看護師も配置され、食事や入浴など日常生活の介護のほか、医療的ケアも充実しています。（→156ページ）

●介護医療院

食事や入浴など日常生活上の介護に加え、医師や看護師らによる医療的ケアを行える公的施設です。他の介護施設や老人ホームでは対応が難しい、たんの吸引や点滴、胃ろうといったケアにも対応してくれるのが大きな特徴です。（→157ページ）

サービス利用のポイント

どこがニーズに合っているか、しっかり調べて

利用者の要介護（要支援）度や希望する介護サービスなどから、**どのような施設が適しているか条件を挙げ、施設探しを始めます。**市（区）町村の窓口や地域包括支援センター、ケアマネジャーから施設のパンフレットをもらう、あるいはインターネットの介護サービス情報を検索し、希望条件に合う施設を探しましょう。その際、下記の基本情報も確認しておきます。インターネット上で気になる施設が見つかったら、資料を請求しましょう。

〇〇市 特養

まずは情報を集めて…

基本情報を確認しよう！

- 自宅からの距離
- 職員の人数と資格の種類
- 職員の経験年数・定着率
- 相談・苦情への対応窓口
- 居住費・食費・日常生活費などの内訳
- 介護保険外のサービス料金
- キャンセルについての規定（期限やキャンセル料）
- 退去の要件　　など

なるべく近くで…

スタッフの人数は…

入居する前に実際に見学を

資料を見るだけではわからないこともあるので、必ず実際に施設を見学して、自分の五感で確かめましょう。居室や設備などを見学するのはもちろん、運営会社の理念や、介護技術のレベルなども確認しておきたいところです。介護スタッフが普段どのように入居者と接しているかは、介護の様子やスタッフの表情などからもわかりますので、可能であれば食事やレクリエーションなどの時間に見学するのもよいでしょう。

施設全体は?

電話や面会者へのスタッフの対応は明るく親切か、緊急時や夜間の対応は万全か、地域交流やボランティア活動が活発か、居室はプライバシーが保たれているか、生活の場として清潔で快適かなど施設全体としての様子を見ます。

共用スペースは?

食堂やレクリエーションのスペースが明るく過ごしやすい雰囲気か、清潔で整理整頓されているか、トイレや浴室は清掃されていて使いやすそうか、食事はおいしそうかなどを見ます。

入居者は?

ベッドに拘束されている人はいないか、寝たきりや車いすに座ったままの人が多くないか、居間や談話室を利用している人は多いか、表情は明るいかなどを確認します。

職員は?

入居者に対して命令したり子ども扱いしたりしていないか、過剰な援助をしていないか、排泄や入浴の介助はプライバシーに配慮して行っているか、おむつの種類を多く準備しているかやおむつ交換の頻度はどうか、ケアコールへの対応は迅速かなどを確認します。

施設入居にまつわる Q&A

Q ショートステイ中の通院介助は頼めるの？
（86歳／要介護4／同居）

母は、私の家で夫と子どもと同居しています。家族で旅行に行くのですが、母は足腰も弱ってきて長時間の移動は無理なので、旅行中（3日間）はショートステイを利用します。ただ、ショートステイ中に持病の薬が切れるため、通院する必要があります。通院の日だけ、母の受診の介助をヘルパーさんに頼めないでしょうか？

A

ショートステイを利用中は訪問介護で受けているようなサービスは原則受けられません。また、ショートステイ先のスタッフに通院介助をお願いすることもできません。家族による付き添いが原則です。ただ、家族が付き添えない場合は、担当のケアマネジャーやショートステイ先の施設に相談してみましょう。施設によっては、全額自己負担ですが通院介助を行っているところもあります。主治医の往診も可能かどうか、あわせて相談してみましょう。

Q ショートステイをやめた場合、いつものヘルパーさんに介護を頼めるの？
（73歳／要介護3／同居）

共働きなので、普段はヘルパーさんに義父の食事の準備や介助をお願いしています。夫婦で旅行に行く予定をたて、義父はショートステイを利用することにし、ヘルパーさんはキャンセルしました。しかし、直前になって義父が「知らない人と一緒は嫌だから、ショートステイには行かない」と言い出し、やむなくショートステイも旅行もキャンセルに…。いつもお願いしているヘルパーさんに、やはり来てほしいと頼むことはできますか？

A

ショートステイの利用をキャンセルしているのでサービスの重複にはなりません。訪問介護サービスを利用して、ヘルパーさんに来てもらうことができます。初めてショートステイを利用する場合、どうしても環境や雰囲気が変わるため、とくに認知症などがある高齢者は心身に悪影響を及ぼし、症状が一時的に悪化したり、介護拒否を引き起こしたりする恐れもあります。ショートステイを利用する際は、本人になるべく納得してもらい、施設の雰囲気に慣れてもらうため、事前に見学をしておくとよいでしょう。

料金の目安 ※負担割合「1割」で算定

309円 ※1回につき ※身体1・生活1で算定

介護保険施設に入居すると、
担当のヘルパーさんが変わります。

ショートステイとは、短期入所生活介護（短期入所療養介護）のことで、施設に短期間泊まり、介護や機能訓練などを受けるサービスです。介護保険制度では、自宅で受けられるサービスと重複とみなされるため、訪問介護で慣れ親しんだヘルパーさんのサービスはその間停止し、入所する施設のヘルパーさんがかわりに担当になります。しかしショートステイから再び自宅に戻ったときには、いつものヘルパーさんにお願いすることは可能です。

ショートステイ

訪問介護

また、介護保険施設に入所するときは、ケアマネジャーも変更になります。今までは「居宅ケアマネジャー」だったのが「施設ケアマネジャー」に変更になるというわけです。施設ケアマネジャーは、その施設に勤務し、本人のケアプランを作成して快適に過ごせるようにサポートします。
ちなみに、サービス付き高齢者向け住宅や住宅型有料老人ホームなど、「自宅」とみなされる施設に入所した場合には「居宅ケアマネジャー」との契約が可能となるため、今まで通りのケアマネジャーと引き続き契約することも可能です。

施設入居にまつわる Q&A

Q 施設から外泊中でも、自宅での介護を頼めるの？
（77歳／要介護4／特別養護老人ホーム入居）

夫は、自宅での介護が難しくなり、先月、特別養護老人ホームに入所しました。しかし、お正月には、子どもたちが孫を連れて帰省するので、その間は夫を自宅に外泊（2泊3日）させて、一緒にお正月を迎えたいと思っています。夫が在宅中は、前に来てもらっていたヘルパーさんにトイレの介助などを頼めないでしょうか？

A
施設に入所している場合、外泊中も施設サービスを継続利用している扱いになり、自宅でのサービスをお願いすると「サービスが重複」してしまうため頼めません。原則、家族による介助ですが、奥さんの介助が難しいなら、帰省してくる子どもたちに協力してもらうのがよいでしょう。

なお、外泊中だけ「介護ベッド」や「簡易トイレ」を借りるのも、施設サービスとの重複という観点から介護保険での利用はできません。ですから、施設から自宅に外泊する際に自宅で介護できる人がいない場合、事前に担当のケアマネジャーに相談をしてみてください。事業所によっては全額自己負担になりますが、必要な介助を行ってくれるところもあります。

Q 入院中の身の回りの世話を頼めるの？
（70歳／要介護5／特別養護老人ホーム入居）

義父は、昨年から特別養護老人ホームに入所。先日風邪をこじらせて肺炎になり、病院へ入院しました。嫁の私が入院中の世話をしに行きたいのですが、子どもがまだ小さくて預けるところがなく、病院に連れていくのも心配です。夫は休みが不定期であてになりません。入所している施設のスタッフに養父の身の回りの世話を頼めないでしょうか？

A
入院中は「医療保険」を使ってさまざまな医療を受けているわけですが、この「医療保険」と「介護保険」の併用は原則認められず、入院中には介護保険サービスを使えません。しかし、事情があって家族では入院中の世話ができないことはあります。まず、病院内にいる「ソーシャルワーカー」に相談しましょう。全額自己負担にはなりますが、入院中の患者さんの介護をしてくれるヘルパーさんを紹介してくれる場合もあります。入院している病院にソーシャルワーカーがいない場合は、入居している施設の担当ケアマネジャーに相談しましょう。

Q 施設での散髪は頼めるの？
（76歳／要介護3／特別養護老人ホーム入居）

夫と死別し、子どももいないため、私は1人暮らしでしたが、足がかなり悪くなってきて、2か月前に特別養護老人ホームに入居しました。それまでは近所の美容院に通っていたのですが、今の施設からは遠くて行けません。入居前に訪問介護を頼んでいたヘルパーさんは、元美容師さんなので、その方に施設での散髪を頼めないでしょうか？

A
介護保険制度では、理美容のサービスはヘルパーさんの業務として認められていません。したがって、ヘルパーさんには頼めません。全額自己負担になりますが、市（区）町村によっては自宅や施設に出張して散髪などをしてくれる「訪問理美容サービス」を実施しているところもあります。まずは担当のケアマネジャーに相談してみましょう。
また、施設によっては地域の理・美容院と提携して、実費負担になりますが、定期的に理・美容師さんが施設を訪問し、散髪やひげそりなどをしてくれるところもあります。

よい施設の見極めポイント

4章でも紹介しているように、施設にはたくさんの種類があって、入居する側のニーズに合わせて気に入ったところを選ぶ必要があります。全体を通して以下のポイントは施設見学の際などに確認しておくと安心です。

- ●生活する中で、選択肢（行事・食事・入浴の機会など）はあるか
- ●最期まで暮らす場合に看取りが可能か。医療的なケアが必要になった場合、どのような介護が受けられるか
- ●職員の質の向上に向けた取り組み（研修・人事考課など）があるか
- ●施設の雰囲気は明るいか
- ●ホームページやパンフレットなどで、情報の更新がされているか（入居者の顔写真が出ているか）
- ●料金について明確な説明があるか

サービス事業者の情報を知っておこう

介護保険サービスを初めて利用するという人が、自分だけで事業者を選ぶのは難しいもの。まずはケアマネジャーからの情報や、市（区）町村のリストを参考にしましょう。より詳しい情報を得たい場合は、厚生労働省が事業所・施設選びを支援する目的で公開している「介護サービス情報公表システム」を利用して地元の事業者の情報を調べることができます。介護サービスの内容もわかるので、本人や家族の希望に合った受けたいサービスが提供されるかも確認できます。

原則すべての介護保険事業者が情報を登録しています

事業者の評価情報を確認する方法も

独立行政法人福祉医療機構が運営する「WAM NET（ワムネット）」を利用して、福祉サービス第三者評価情報をチェックすることもできます。第三者評価（外部評価）とは、事業者に対する書面調査・実地調査による事業評価と、利用者の満足度や改善点を調査した利用者評価などのことで、個々の事業者の運営上の問題点を把握し、サービスの質の向上に結びつけることを目的に調査が実施され、その結果が公開されています。評価が客観的なので信頼度が高く、評価結果を比較検討することで、よりよい事業者を探すことができるでしょう。「WAM NET（ワムネット）」は福祉・保健・医療の総合情報サイトです。厚生労働省・子ども家庭庁所管の独立行政法人により運営されているので、たとえば行政の情報にもリンクして調べやすくなっているなど、関連する情報を網羅しており、検索の際にいろいろなサイトを巡らなくてすみます。

更新のタイミングで事業者を再検討できる

サービス事業者は厚生労働大臣が定める基準を満たしていれば、都道府県知事や、市（区）町村長から介護保険サービスの指定事業者の指定を受けることができます。一度指定を受けたら6年間は有効（途中で指定の取り消しがない限り）ですが、6年ごとに更新の必要があります。指定更新制度は指定基準等を遵守し、適切な介護サービスを提供できているかを定期的にチェックする仕組みとして平成18年に設けられたもので、このシステムがあることで事業者側のサービスの質は常に問われます。更新の機会ごとに人員、設備、運営などが基準に則しているか、事業の改善命令などを受けていないかなどが確認され、適正な運営をしていると認められなければ指定は取り消しとなります。更新の有無の情報は公表されることとなっているので、利用者はそれを確認し、更新のタイミングで別のよりよい事業者を選ぶことが可能です。

施設について考えよう

自宅で生活するのは難しいかも…となると
施設入居を考えますよね。
この章では、施設の種類と特徴について
ご紹介します。

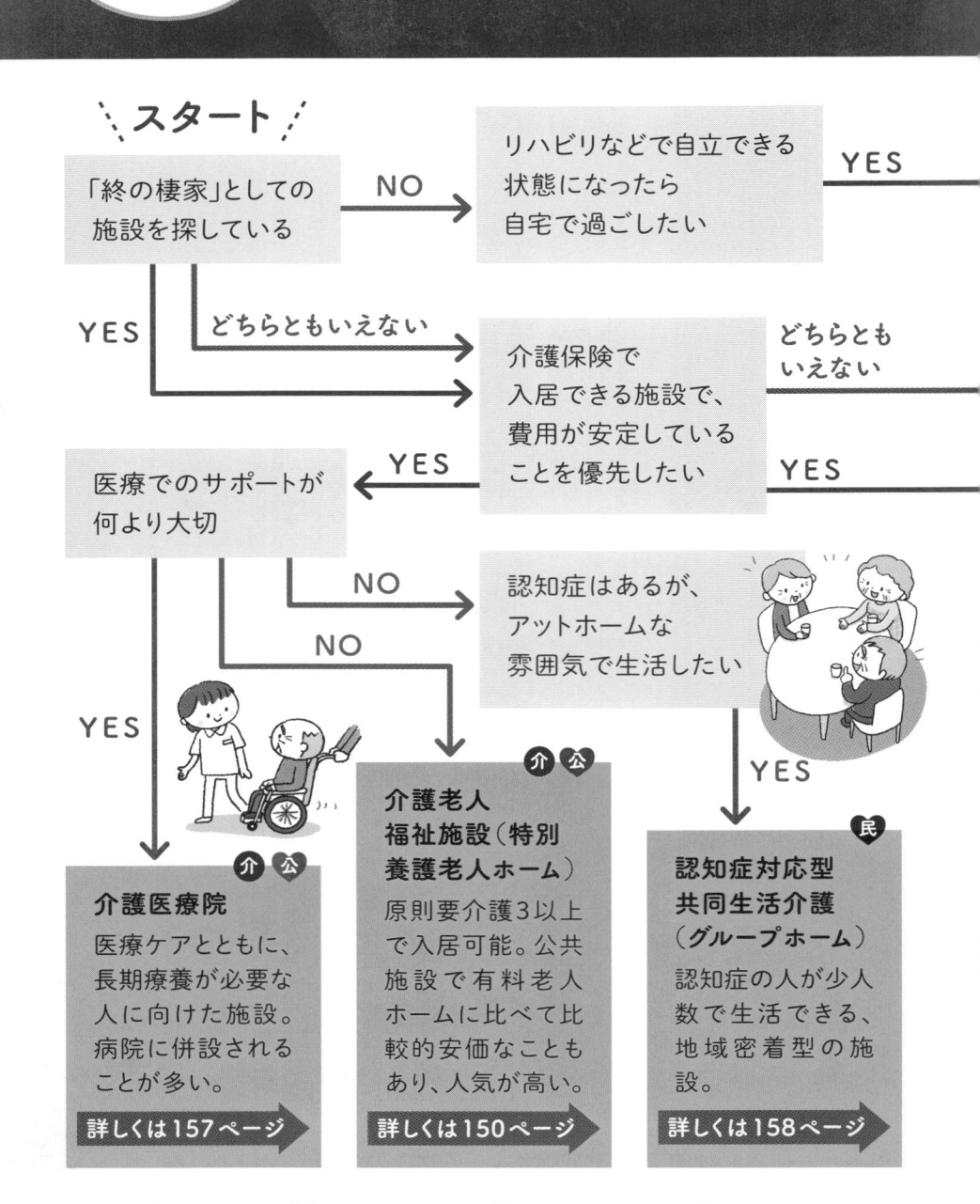

主な施設と選び方

スタート

「終の棲家」としての施設を探している

→ **NO** → リハビリなどで自立できる状態になったら自宅で過ごしたい → **YES**

YES ／ どちらともいえない →

介護保険で入居できる施設で、費用が安定していることを優先したい

→ どちらともいえない

→ **YES**

YES ← 医療でのサポートが何より大切

→ **NO** → 認知症はあるが、アットホームな雰囲気で生活したい

NO

YES

YES

介護医療院 介 公

医療ケアとともに、長期療養が必要な人に向けた施設。病院に併設されることが多い。

詳しくは157ページ

介護老人福祉施設（特別養護老人ホーム）介 公

原則要介護3以上で入居可能。公共施設で有料老人ホームに比べて比較的安価なこともあり、人気が高い。

詳しくは150ページ

認知症対応型共同生活介護（グループホーム）民

認知症の人が少人数で生活できる、地域密着型の施設。

詳しくは158ページ

施設の種類はたくさんあるので、希望にあったタイプのところを見つけることが大切です。また、「有料老人ホーム」「サービス付き高齢者向け住宅」「軽費老人ホーム」には、人員や設備などの基準を満たした「特定施設」と「非特定施設」があるので、それぞれの特徴を調べた上で検討しましょう。チャートはあくまでも例です。ケアマネジャーをはじめ周りの人とよく話し合って決めましょう。

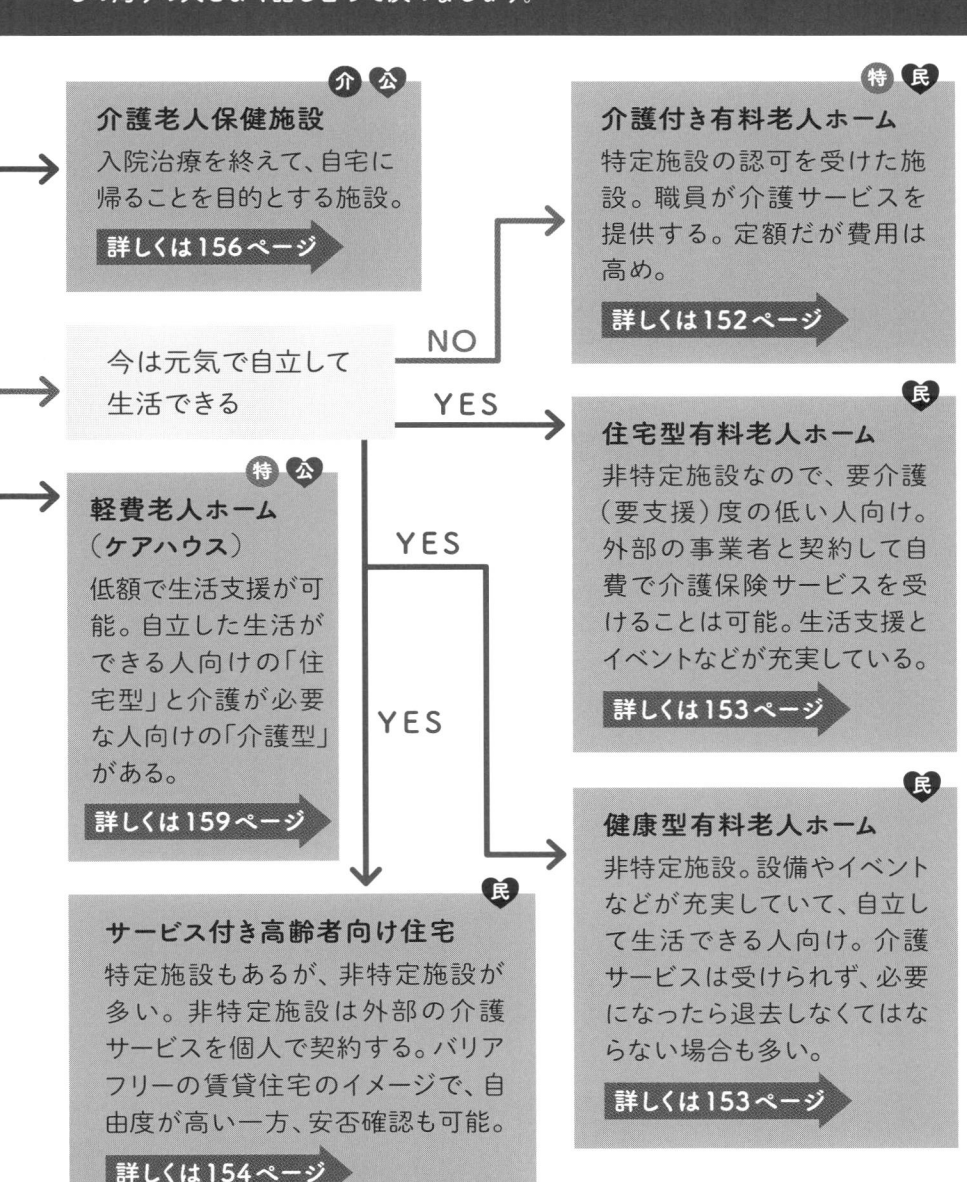

介護老人保健施設 介 公

入院治療を終えて、自宅に帰ることを目的とする施設。

詳しくは156ページ▶

介護付き有料老人ホーム 特 民

特定施設の認可を受けた施設。職員が介護サービスを提供する。定額だが費用は高め。

詳しくは152ページ▶

今は元気で自立して生活できる

NO

YES

軽費老人ホーム（ケアハウス） 特 公

低額で生活支援が可能。自立した生活ができる人向けの「住宅型」と介護が必要な人向けの「介護型」がある。

詳しくは159ページ▶

住宅型有料老人ホーム 民

非特定施設なので、要介護（要支援）度の低い人向け。外部の事業者と契約して自費で介護保険サービスを受けることは可能。生活支援とイベントなどが充実している。

詳しくは153ページ▶

YES

YES

サービス付き高齢者向け住宅 民

特定施設もあるが、非特定施設が多い。非特定施設は外部の介護サービスを個人で契約する。バリアフリーの賃貸住宅のイメージで、自由度が高い一方、安否確認も可能。

詳しくは154ページ▶

健康型有料老人ホーム 民

非特定施設。設備やイベントなどが充実していて、自立して生活できる人向け。介護サービスは受けられず、必要になったら退去しなくてはならない場合も多い。

詳しくは153ページ▶

4章 施設について考えよう

介護老人福祉施設とは？

▶「特養」と呼ばれ、原則として要介護3以上の人が入居できる

特別養護老人ホームとも言い、略して「特養」と呼ばれます。介護保険の公的施設の中では最も数の多い施設で、長期入所が可能です。原則として要介護3以上の人が申し込みできますが、要介護1または2の人でも、在宅での生活が難しいなどやむをえない事情がある場合に限り、特例的に入所が認められています。食事、排泄、入浴などの介助、日常生活上の世話、機能訓練、健康管理、療養上の世話が提供され、レクリエーションや、行事ごとのイベントなども企画されます。

介護保険	費　用
原則要介護3以上から可能（要介護（要支援）認定を受けていないと入居は不可） 介護保険制度に基づき、「施設サービス」を利用	民間施設に比べると低コスト ・入居一時金：0円 ・月額利用料の目安：8〜15万円程度
居　室	看取り対応
個室／ユニット型個室（10.65m² 以上） 2人部屋／多床室／ユニット型多床室（4人以下・1人あたり10.65m² 以上）	施設によるので確認を

人気が高く、待機者が多い

民間施設に比べて費用が安いうえ、生活援助や身体介護のサービスが手厚く、看取りまで行うところもあるために人気が高く、入居までに数年かかることも。終身で利用でき、24時間体制でスタッフが常駐していることも人気の理由といえるでしょう。

入居一時金がないので初期費用がかからない

ベッドなども用意されているので初期費用もかかりませんが、入居後の月額費用として施設サービス費、居住費、食費、日常生活費などは必要です。施設サービス費は居室のタイプや要介護（要支援）度によって変わります。

独居

認知症などで
在宅生活が
難しい
　など…

ポイント…

ポイント制で、必要性の高い人から入居できる

入居の順番は申し込み順ではありません。各自治体ごとに審査基準を決めて、要介護（要支援）度、緊急な介護の必要性、在宅介護の困難性といった判断項目ごとに点数がつきます。その結果、「合計ポイントが高い人ほど必要性が高い」と判断され、優先的に入居できるようになっています。

有料老人ホームとは？

▶ 介護保険適用のところと適用外のところがある

有料老人ホームとは、民間事業者等が運営し、高齢者の生活を支える機能を備えた住まいのこと（食事、介護、家事、健康管理のうちいずれかのサービスを提供する施設）。入居者のニーズに応じて介護付き、住宅型、健康型の3タイプがあり、都道府県の指定を受けた「介護付き」の施設では介護保険を利用してサービスを受けることができます。

▶ 介護付き有料老人ホームとは？

特定施設の認可を受けた施設で、24時間体制の介護を行っており、入浴、排泄、食事の介護をはじめ、日常生活上の世話や、機能訓練などのサービスを提供します。特定施設には要介護（要支援）度の高い人にも対応できるよう、人員や設備について基準が定められています。

介護保険	費　用
要支援1から可能（要介護（要支援）認定を受けていないと入居は不可）**「特定施設入居者生活介護」を利用**（施設で暮らしながら受けられるサービス）	**特養と比べると高額で地域や施設のレベルにより差が大きい** ・入居一時金：0〜数千万円 ・月額利用料の目安：15〜30万円程度

居　室	看取り対応
個室中心（$13m^2$ 以上）**／4人部屋以下**	**施設によるので確認を**

▶ 住宅型有料老人ホームとは？

特定施設の認定を受けておらず、比較的要介護度の低い人が中心の施設もあれば、医療ニーズがある人など要介護度が高い人を受け入れている施設もあり、施設ごとに特徴が異なります。生活支援等のサービスがつき、イベントも充実していて、外部の事業者と契約すれば介護保険サービスも利用できます。

介護保険	費　用
施設で提供されるサービスは介護保険は適用外 **外部の事業者と契約し介護保険サービスを受ける** 要介護（要支援）認定を受けていなくても入居可	**低コスト～高コストの施設までさまざま**
居　室	看取り対応
個室中心（13m² 以上）	**施設によるので確認を**

▶ 健康型有料老人ホームとは？

特定施設の認定を受けておらず、自立した生活ができる人向け。アクティビティや設備が充実し、食事や掃除などの生活支援サービスが提供されます。施設内では介護サービスを受けられないため、介護が必要になったら退去の必要があります。

介護保険	費　用
要介護状態となると退去となるため介護保険適用のサービスが存在しない	**比較的高額**
居　室	看取り対応
基本的に個室	**一般的に行われていない**

サービス付き高齢者向け住宅とは?

▶「サ高住」と呼ばれ、「介護型」と「一般型」がある

略して「サ高住」と呼ばれています。特定施設の認定を受けたごく少数の「介護型」と非特定の「一般型」があります。ごく少数の「介護型」は介護ケアを必要とする人を対象に、24時間体制で介護サービスが受けられます。一方、「一般型」はバリアフリーが完備された賃貸住宅に近い施設で、外部の介護保険サービスの利用ができます。安否確認や生活相談サービスがあり、安心して暮らせる環境が整っています。
平成13年の「高齢者の居住の安定確保に関する法律」(高齢者住まい法)の改正により創設された施設です。生活相談、安否確認サービスが付いており、施設によっては食事の提供などの任意サービスもあります。

介護保険	費　用
ほとんどは「一般型」施設で、介護保険は適用外　外部の事業者と契約し介護保険サービスを受ける	「一般型」では介護が必要になると、都度、費用がかかる ・敷金など(権利金や礼金はなし) ・家賃の目安:12〜20万円程度 ・食費:5〜6万円程度 ＋介護サービス費(一般型の場合)

居　室	看取り対応
「介護型」は個室 「一般型」は個室／多床室など	施設によるので確認を

「高齢者向け住宅」なので自由度は高い

「一般型」は規則やきまりに左右されず、自宅にいる感覚で生活することができます。普通の賃貸住宅同様、外出や外泊、来客なども自由。プライバシーと安全が守られる中でプライベートを充実させることが可能です。

個室が狭い場合も。共用スペースの確認もしておこう

個室は原則25m²以上と決められてはいますが、トイレや洗面所の広さなど施設ごとにいろいろです。好条件の物件は早く埋まってしまうため、共用スペースの確認を含め、事前の情報収集が大切です。

入居一時金がないところもある

サ高住の「一般型」では介護の必要度合が上がると住み続けられない可能性があります。その際、入居一時金がないことが、退去の決断をしやすい要素となるでしょう。ただし賃貸住宅なので敷金はかかります（月額利用料の1〜3か月分程度）。

介護老人保健施設とは？

▶「老健」と呼ばれ、リハビリで自宅に戻ることが目標

略して「老健」と呼ばれています。要介護1〜5の高齢者が病気などで入院し、退院はしてもまだ自宅に戻るのは困難、という場合の入所施設です。基本的に在宅復帰を目的に医療やリハビリを受け、自立した生活を目指す施設なので、入所期間は3〜6か月が一般的です。特別養護老人ホームと異なり、常勤の医師が1人以上配置されていて、理学療法士、作業療法士、言語聴覚士のいずれか1人が配置されています。

介護保険	費　用
介護保険制度に基づき、「施設サービス」を利用	比較的低コスト ・入居一時金：0円 ・月額利用料の目安：10〜15万円程度 （所得による軽減あり）

居　室	看取り対応
個室／ユニット型個室 （10.65m²以上）、 多床室／ユニット型多床室 （4人以下で1人あたり8m²以上）	基本的に終身利用は不可 （看取りの対応をしてくれる施設もある）

がんばって
家に帰るわ！

介護医療院とは？

▶ 重度の要介護者に対応

在宅介護が難しい要介護者に長期療養のための医療と介護サポートを一体的に提供する施設で、主に要介護3〜5の人が対象です。医療サービスに重点が置かれ、医師、看護師、理学療法士など医療機関に近い職員や設備が整えられています。医療依存度の高い人を対象にして手厚い医療と介護が受けられる「I型」と、容体が比較的安定した人を対象とした「II型」があります。

介護保険	費　用
介護保険制度に基づき、「施設サービス」を利用	**比較的低コスト** ・入居一時金：0円 ・月額利用料の目安：15〜20万円程度 （**所得による軽減あり**）

居　室	看取り対応
個室／多床室 （4人以下で1人あたり8m² 以上）	**終身利用可**

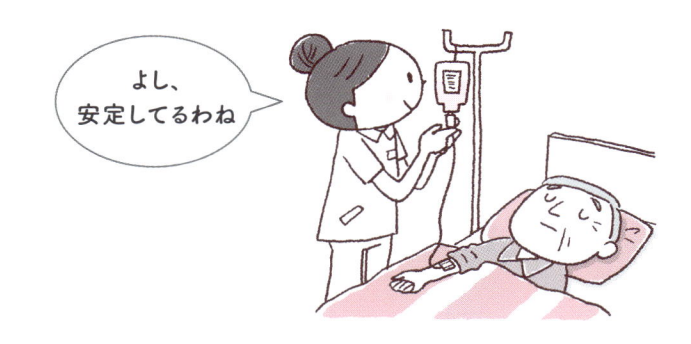

よし、
安定してるわね

認知症対応型共同生活介護（グループホーム）とは？

▶ 認知症の住民だけが入居できる地域密着型サービス

認知症の人が対象の施設なので、主治医の診断書などにより認知症の状態であることが確認されないと利用できません。5～9人のユニット単位での共同生活をサポートするサービスです（民家型、アパート型などさまざまな形態がある）。家庭に近い環境で本人も家事に参加し、日常生活上の介助や機能訓練などが受けられます。アットホームな雰囲気なので、入居者どうしがコミュニケーションをとりながら生活できます。入居者が地域住民であることも、交流を円滑にするメリットで、認知症の症状を安定させる効果も期待できます。

介護保険	費　用
「認知症対応型共同生活介護」適用 要支援2以上	**比較的低コスト** ・入居一時金：5～8万円程度 ・月額利用料の目安：15～18万円程度
居　室	看取り対応
個室（7.43m^{2}以上） （「ユニット」と呼ばれる小規模グループで交流できるリビングや食堂がある）	**施設によるので確認を**

○○公園にきれいな花が咲いたみたいよ

へえー見に行きたいねえ

そういえばうちの孫もそんなこと言ってたな

軽費老人ホーム（ケアハウス）とは？

▶「住宅型」と「介護型」に分かれる

公的補助により比較的低額で居住の場と生活支援を提供する施設。家庭環境や経済的な状況により生活が困難な高齢者を対象に、「住宅型」は60歳以上で介護度の低い人、「介護型」は65歳以上で要支援1以上の人を受け入れる施設です。朝食と夕食は施設で提供されますが、昼食は選択性です。申し込みは市（区）町村の介護保険窓口に申請する必要があります。

介護保険	費用
「住宅型」は介護保険適用外 外部の事業者と契約して介護保険サービスを受ける 「介護型」は「特定施設入居者生活介護」を利用	**介護付き有料老人ホームより低コスト** ・入居一時金：0〜30万円程度 ・月額利用料の目安：13〜15万円程度 （**所得による軽減あり**）
居室	看取り対応
「住宅型」は個室（21.6m^{2}以上）／多床室（2人：31.9m^{2}以上）「介護型」は個室（21.6m^{2}以上）	「住宅型」は対応不可が多い 「介護型」は施設によるので確認を

施設といってもさまざまな種類があるので、要望にあったものをしっかり検討しましょう！

遠距離介護を工夫しながら乗り切ろう

遠距離介護とは、住まいが離れている高齢者を子どもや親族が介護すること。往復の時間や交通費がかかることなどが課題であり、緊急時にすぐに駆け付けられないことは大きな不安要素です。近年、遠距離をカバーしてくれる仕組みやサービスも充実してきていますので、情報収集を欠かさず、近隣住民やケアマネジャーなどの援助を受けながら円滑に介護が行えるよう工夫していきましょう。親が元気なうちから連絡を取り合い、日常生活の様子を把握しておくことも大切です。

割引サービスで交通費を抑えて

交通費の負担を軽くするために、電車の回数券や往復割引のほか、事前の予約で割引が受けられる制度を利用しましょう。深夜の運行ではありますが、比較的低価格の高速バスという手段もあります。また航空会社では介護帰省割引、早期予約による割引を実施しているところもあるので調べておきましょう。

割引サービスを使って

ケアマネジャー

ケアマネジャーと相談しながら

要介護者の日々の様子を把握できないと心配は募ります。日常の生活動作がわかる見守りサービス機器（センサーやGPSによるもの）を利用したり、ケアマネジャーに相談しながら自治体の安否確認や緊急通報サービスを取り入れたりするとよいでしょう。ケアマネジャーとは連絡を密にして、介護状況の相談や確認をし、共通の認識をもつようにしておくことが大切です。

第5章

お金の話

もっとも大切なことの1つが「お金」のこと。
自己負担割合の算定はどうやっているの?
後期高齢者医療制度とは?　など、
お金に関する基本のキをご紹介します。

自己負担割合は所得と関係する

▶「介護保険負担割合証」で確認しよう

介護保険サービスを受けたとき、その費用の一部は自己負担になります。自分がどれくらいの割合を負担するのかは、「介護保険負担割合証」で確認します。「介護保険負担割合証」は要介護（要支援）認定を受けた人全員に発行されます。有効期間は8月1日から翌年7月31日までで、市（区）町村によってさまざまですが、だいたい7月ごろに郵送で届くと思っておくとよいでしょう。負担割合が変わらなくても、毎年送られてきます。

紛失しないように、介護保険証とセットで保管しておくと安心です。ちなみに要介護（要支援）認定で、自立と判断された人には、介護保険サービスは使えないので送られてきません。

気になる負担割合ですが、前年度の収入によって判断されます。基本的には1〜3割で、現役並みに所得がある人以外は1割負担です。2割負担となる人は合計所得が280〜340万円未満、3割負担となる人は合計所得が340万円以上の人となります。また夫婦で65歳以上の場合は、年金収入＋その他の合計所得が346万円以上で2割負担、年金収入＋その他の合計所得が463万円以上で3割負担となります。しかし夫婦であっても自分の合計所得が160万円以下であれば1割負担です。さらに、第2号被保険者（40〜64歳で要介護（要支援）認定を受けた人）も1割負担となります。

自分が負担する以外の費用はどのように捻出されているのかというと、40歳から納付が義務づけられている「介護保険料」と自治体（国・都道府県・市（区）町村）で賄われています。

うちの収入は
○○だから…

サービス利用料には限度額がある

介護保険サービス利用料には上限が定められています（世帯の所得により違う）。この上限額を超えると自治体から高額介護サービス費の支給申請書が送られてきますので、必要事項を記入して申請すれば超過分の払い戻しが受けられます。世帯ごとなので、夫婦で利用している場合は該当する可能性が高くなります。ただし福祉用具購入費、住宅改修費、施設サービスの食費など、高額介護サービス費の対象にならないものもあります。

介護サービス費負担の上限額

区　分		負担上限月額
課税世帯	現役なみ所得者 （年収383万円以上）	44,400円（世帯）
	現役なみ所得者 （年収770万円以上 1,160万円未満）	93,000円（世帯）
	現役並み所得者 （年収1,160万円以上）	140,100円（世帯）
	一般世帯	44,400円（世帯）
市町村民税世帯非課税者等		24,600円（世帯）
	年金収入80万円以下等	24,600円（世帯） 15,000円（個人）
生活保護受給者等		15,000円（世帯）

サービス利用料のほかに自己負担も

介護保険のサービスを利用すると、意外なものが全額自己負担だったり、予想外の追加料金がかかったりすることがあります。日常の生活にかかる費用、介護タクシーの運賃のほか、食事の宅配サービス、施設の居住費、入居一時金、短期入所滞在費、管理費、食費やおやつ代、理美容代などは介護保険外のサービスに当たることが多く、実費で支払う必要があります。ただし施設によって、またサービスの種類によっても差異があるので注意しましょう。

これは
実費です

介護タクシー

何が自己負担か確認しておこう

デイサービスやショートステイを利用する場合にも実費がかかることがあるので、介護保険の給付対象になるサービスは何か、自己負担になるものは何か、どんなものに加算料金がかかるのかなどは、事前によく確認しておくことが大切です。

（例）自己負担割合が「1割」の場合

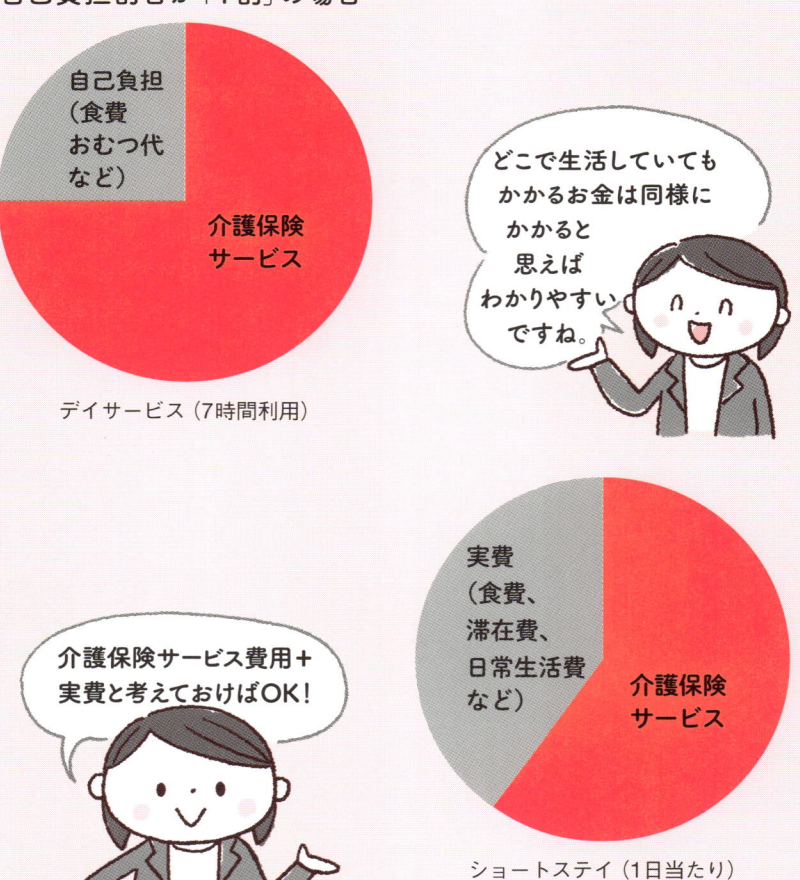

自己負担
（食費
おむつ代
など）

介護保険
サービス

デイサービス（7時間利用）

どこで生活していても
かかるお金は同様に
かかると
思えば
わかりやすい
ですね。

介護保険サービス費用＋
実費と考えておけばOK！

実費
（食費、
滞在費、
日常生活費
など）

介護保険
サービス

ショートステイ（1日当たり）

事業者によって負担額に差がある

事業者によりサービス料が異なることもあるので、選択先によって自己負担額にも差が出ます（基準要件を満たし、特定事業所加算などがついている施設は比較的高額）。事業者選びの際は、サービス内容と金額を確認し、どの程度のサービスが必要かなども検討してみましょう。

要介護1 要介護4

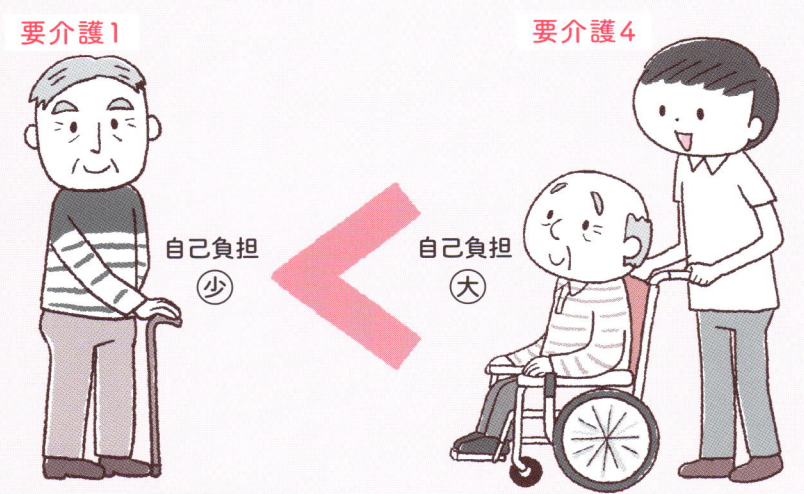

自己負担 少　自己負担 大

要介護（要支援）度が高いと自己負担も増

要介護（要支援）認定の申請の結果、予想より要介護（要支援）度が低いと「受けられるサービスが少なくて損？」と思う方もいるかもしれません。確かに要介護（要支援）度が上がると1か月の支給限度額が高くはなりますが、必要な介護サービスも増えるため自己負担額もかさんでいくのです。

サービス利用料の軽減措置

▶ 軽減措置は本人の申請が必要

年金のみを収入源としている場合などは、自己負担額が1割であっても家計に影響が出ることもあります。事情に応じ、自己負担額を減らすための軽減措置があるので、自分がそれらの対象であるかを確認し、申請をしましょう。

しっかり
調べなくちゃ！

対象であるか
どうかを
しっかり調べましょう。
申請者は本人です！

例）　施設の居住費・食費の標準負担額の軽減

区　分	居宅形態	居宅費の負担上限日額	食費の負担上限日額
第1段階（生活保護受給者などの人）	ユニット型個室	880円	300円
	ユニット型準個室	550円	
	従来型個室	550円（380円）	
	多床室	0円	
第2段階（住民税が世帯非課税で年金収入と合計所得金額の合計が80万円以下などの人）	ユニット型個室	880円	390円
	ユニット型準個室	550円	
	従来型個室	550円（480円）	
	多床室	430円	
第3段階（住民税が世帯非課税で第2段階に該当しない人）	ユニット型個室	1,370円	650円
	ユニット型準個室	1,370円	
	従来型個室	1,370円（880円）	
	多床室	430円	
第4段階（住民税が本人課税の人）	負担限度額はなく、施設との契約に基づいて居住費・食費が設定される。		

※（　）内は特別養護老人ホームなどの場合。
※区分段階などについては、変更が予定されています。

サービス利用料の軽減

自治体によっては本人の所得によって、負担額を1割より低く（その半分もしくは約1/3など）に減額することもあります。市（区）町村の担当窓口やケアマネジャー、地域包括支援センターなどに問い合わせ、制度や要件を確認しましょう。

食費、居住費の軽減

介護保険負担限度額認定証

自治体に申請をし、介護保険負担限度額認定証の交付を受けると、介護保険施設などにおいて、本来自己負担である食費と居住費（滞在費）が軽減される制度があります（年収や資産、介護保険料の滞納がないかなどの要件がある。左ページの表は一例。有効期間は1年）。

災害などの特別な事情

本人や主たる生計維持者が震災等にあい、住宅や家財などの財産に損害を受けたときや、生計維持者の死亡や長期入院による収入の減少といった特別な事情がある際には、介護保険料の減免や自己負担額の減額措置等があるので、自治体に相談しましょう。

医療費控除

介護費用も医療費控除の対象

確定申告での医療費控除は、生計を1つにする家族の1年間の医療費の合計が10万円を超える場合に申請し還付が受けられるものですが、介護保険サービス利用にかかった費用も計上することができます。ただし、すべてではなく、医療系サービスに関するものなど対象が決まっています。

介護保険料を滞納したら…

サービスを受けることはできますが、滞納期間により制限がつきます。要介護（要支援）認定を受けている第1号被保険者が1年以上滞納すると費用をいったん全額支払わねばならず、後に7～9割相当分が払い戻されます。1年半になると保険給付のすべて、もしくは一部が差し止められ、そこから滞納分を差し引かれるなどの措置がとられます。2年以上になると未納扱いとなり、未納期間に応じて保険給付率が6～7割に引き下げられます（負担額は3～4割に上がります）。

給付

低所得者への負担軽減と非課税世帯

低所得者への保険料軽減措置を知っておこう

20歳以上60歳未満の自営業者、農業者、学生、無職の人とその配偶者（厚生年金保険や共済組合などに加入してない、第3号被保険者でもない）を第1号被保険者といいますが、本人または世帯の所得と年金額によって負担割合が定められています。一番低い「1割負担」においては、さらに下の表の第1段階から第3段階に該当すると、自己負担額を減らすための軽減措置（公費でサポート）が受けられます。

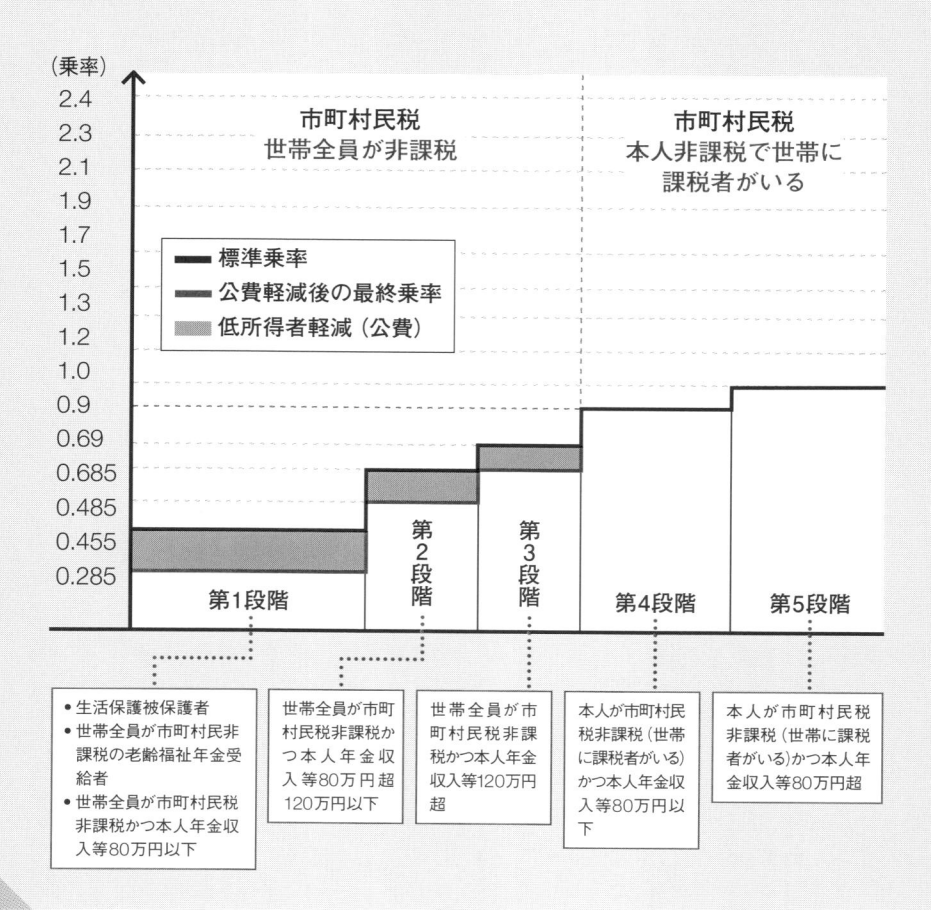

（乗率）

市町村民税
世帯全員が非課税

市町村民税
本人非課税で世帯に
課税者がいる

■ 標準乗率
■ 公費軽減後の最終乗率
▨ 低所得者軽減（公費）

第1段階　第2段階　第3段階　第4段階　第5段階

第1段階	第2段階	第3段階	第4段階	第5段階
●生活保護被保護者 ●世帯全員が市町村民非課税の老齢福祉年金受給者 ●世帯全員が市町村民税非課税かつ本人年金収入等80万円以下	世帯全員が市町村民税非課税かつ本人年金収入等80万円超120万円以下	世帯全員が市町村民税非課税かつ本人年金収入等120万円超	本人が市町村民税非課税（世帯に課税者がいる）かつ本人年金収入等80万円以下	本人が市町村民税非課税（世帯に課税者がいる）かつ本人年金収入等80万円超

軽減措置の対象者は

住民税が非課税であり、かつ、以下の要件をすべて満たし、生計をたてることが困難であると市（区）町村が認めた人となります。

①年金の収入が単身世帯で150万円、世帯人数が1人増えるごとに50万円を加算した額以下である。

②預貯金額が単身世帯で350万円、世帯人数が1人増えるごとに100万円を加算した額以下である。

③日常生活に供する資産以外に活用できる資産がない。

④負担能力のある親族などに扶養されていない。

⑤介護保険料を滞納していない。

住民税が非課税世帯の人については食費、居住費を助成する補足給付があります（自治体への申請が必要）。給付されるには以下の条件も加味されるので確認しておきましょう。

別世帯の配偶者の所得も勘案

世帯全員が住民税非課税であることが要件なので、施設への入居などによって別世帯となった配偶者に収入があり、課税されている場合は対象外となります。事実婚（婚姻届未提出）の場合も配偶者と判断されます。

 収入あり　 収入あり

世帯の資産も勘案

預貯金等の資産額も補足給付の要件となります。単身で資産が1000万円以上、夫婦で2000万円以上ある場合は給付の対象外です。資産には有価証券、投資信託、貴金属（時価評価額が容易に把握できるもの）、タンス貯金なども含まれます。

非課税年金も勘案

非課税年金収入も補足給付の要件で、以下は勘案されます。

- 国民年金法による遺族基礎年金、障害基礎年金
- 厚生年金保険法による遺族厚生年金、障害厚生年金
- 共済各法による遺族共済年金、障害共済年金　など

後期高齢者医療制度とは？

▶ 75歳になると移行される医療保険

後期高齢者医療制度とは、75歳以上の人（または65〜74歳までで一定の障害の状態にあると後期高齢者医療広域連合から認定を受けた人）が加入する医療保険制度です。**加入手続きは不要で、75歳の誕生日を迎えると、それまでの各種医療保険に代わって、自動的に後期高齢者医療保険の被保険者に移行します。**被保険者が窓口で払う負担割合は収入によって変わります。以下のチャートを参考にしてみてください。

※1「課税所得」とは、所得から経費や所得控除などを差し引いた残りの額です。

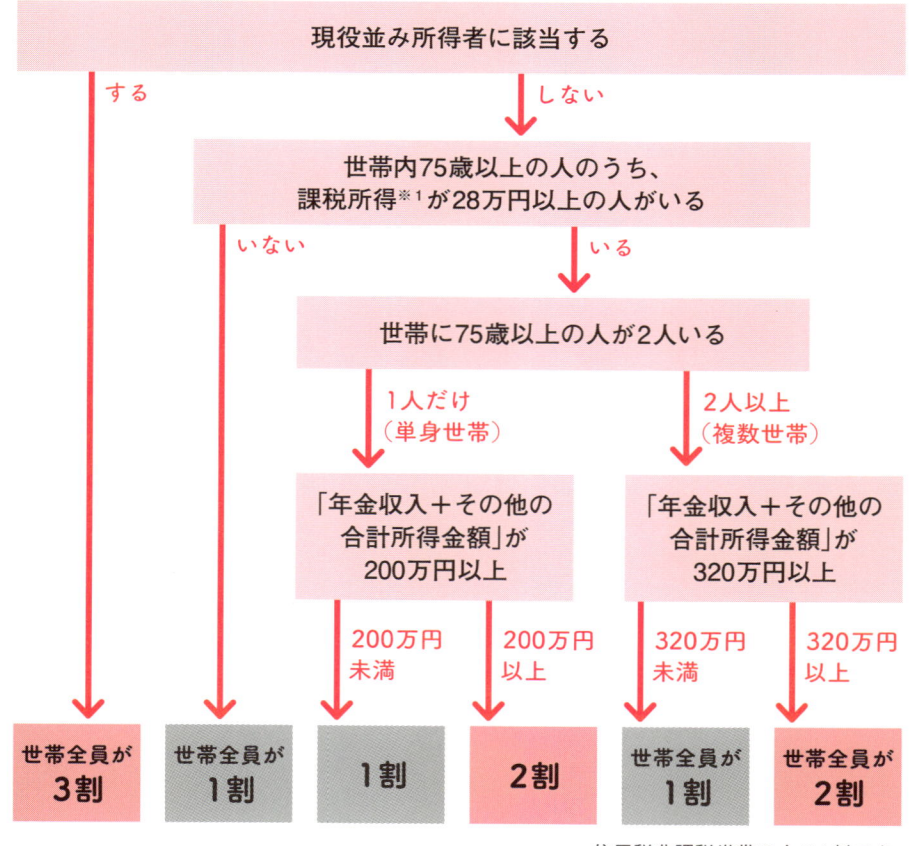

住民税非課税世帯の人は1割です。

後期高齢者医療制度の保険料

月々の保険料は、年金からの天引き、または口座振替などで納付します。保険料の金額は各広域連合（運営主体）が2年ごとに決めるので、居住地によって異なります。

介護保険制度との関連

後期高齢者医療保険の被保険者が介護保険を利用している場合に、「高額医療・高額介護合算制度」という負担軽減措置の対象となることができます。これは、同一世帯の被保険者について、後期高齢者医療制度と介護保険サービスの自己負担の1年間の合算額が高額な場合に一部が払い戻される仕組みです（申請が必要）。

成年後見制度とは？

▶ 判断能力が不十分の人を支援する制度

認知症や知的障害、精神障害などにより判断能力が不十分となった人を、権利の侵害や不利益から法的に保護し、家庭裁判所の命令や事前の契約に基づいて、**成年後見人等が意思決定や手続きを支援したり代行したりする制度**です。以下のようなことを代行してくれます。

身上監護

成年後見制度において、成年後見人等が本人の暮らしの維持を目的とし、生活・医療・介護などの契約手続き等を代わりに進める行為を指します。

財産管理

預貯金・収入支出（年金収入の管理や受給の手続き）・不動産・金融証券・相続や贈与等の財産を、本人に代わり成年後見人等が適切に管理することです。

後見制度（法廷後見）は3つの類型に分かれる

後見人

成年被後見人の財産を管理するとともに、さまざまな契約を本人に代わって行います。本人にとって不利益な契約を取り消す役割も担い、本人を守ります。

保佐人

被保佐人が日常的な買い物などはできても大切な法律行為などは他者の援助が必要な場合に選任されます。本人が重要な契約などを行うときに支援します。

補助人

被補助人が日常的なことはできても1人では難しいこともあり他者の援助が必要な場合に選任されます。補助人は代理権や同意権などの権限はありません。

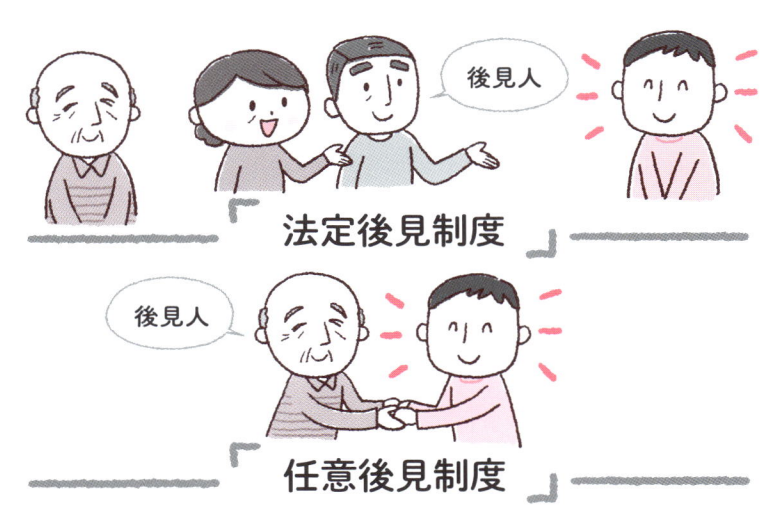

「法定後見制度」と「任意後見制度」

家庭裁判所が成年後見人等を選任するのが法定後見制度で、本人、配偶者、四親等内の親族などによる選任申し立てにより手続きが始まります。「後見人」のほかに「保佐人」「補助人」の類型もあります。一方、本人に判断能力があるうちに、自らが任意後見人（友人や弁護士等）を指定するのが任意後見制度です。

介護保険制度との関連

自分自身による契約が介護保険制度の基本ですが、本人の判断能力が不十分という場合には成年後見制度を用い、介護保険サービスに関する契約を結ぶことが可能です（成年後見人は要介護（要支援）認定等の代理申請を行うこともできます）。

介護保険以外のサービス

▶ 市（区）町村の高齢者福祉サービス

各市（区）町村が、高齢者支援事業として行っているもので、**要介護（要支援）認定で「自立」の人でも、65歳以上であれば受けることができます**。費用はかかるものの、内容に自由度があり、介護保険にはない部分を補うものなど幅広いサービスが工夫されています。以下に代表的なサービスを紹介します。細かい内容や条件は、市（区）町村によって異なりますので、お住まいの市（区）町村の窓口にお問い合わせください。

在宅支援のサービス（例）

在宅で生活する場合にサポートしてくれるサービスです。

● 紙おむつ等介護用品の給付
在宅で暮らす高齢者に紙おむつや防水シートなどを給付してもらえます。

● 上下水道基金料金の減免
要介護（要支援）認定で重度の認定を受けている高齢者で、水道を使用している人、またはその家族が、基本料金の減免を受けられます。

● 在宅高齢者家族介護援助手当
要介護4以上を認定されているけれど、介護保険の介護給付を受けずに介護している家族に年額10万円の手当が支給されます。

● 高齢者住宅改造費助成
要支援以上の認定を受けた65歳以上の人で住宅の改修が必要と認められた場合、助成金が支給されます。介護保険制度の住宅改修費の支給対象となった工事は対象とはなりません。

● 訪問理美容サービス
理容師・美容師が高齢者のいる家庭を訪問し、シャンプーやカットをしてくれます。

● 寝具乾燥
寝たきりの高齢者の自宅を寝具乾燥車が訪問し、寝具の乾燥などをしてくれます。

● ヘルパー派遣
介護保険のサービスだけでは在宅で生活することが困難な高齢者は、ヘルパーによる家事援助サービスが受けられます。

● 日常生活用品の給付
火災報知器や自動消火器、電磁調理器など、自立支援生活用具を給付してくれます。

● 生活支援型食事サービス
昼食または夕食を届けてもらい、そのときに安全確認もしてもらえます。

● 養護老人緊急一時入所
家庭の事情など、自宅で養護が受けられない高齢者に、特別養護老人ホームに一時的に入所できます。

● 高齢者等短期入所ベッド確保事業
やむを得ない状況で在宅生活が困難となったときに、短期入所が利用できます。

● あんしん見守り緊急一時入院事業
医学的な管理が必要な高齢者が、在宅での療養が困難になったとき、市内の登録医療機関に一時的に入院することができます。

認知症高齢者支援のサービス（例）

認知症の高齢者を介護することで、家族が疲弊してしまうことも。そうなる前に市（区）町村でサポートしてくれるサービスです。

● 老人精神保健相談

認知症など、高齢者の精神保険相談を行います。精神科医などの専門医が対応します。

● 認知症高齢者介護教室

家族などを対象に、認知症の高齢者への理解を深め、身体介護について学べる場です。

● 徘徊高齢者発見システム

認知症の高齢者が徘徊し行方不明となったとき、専用の端末で発見するシステムです。

● 成年後見制度利用支援

65歳以上で判断能力が不十分、また身寄りがない場合、市（区）町村長が家庭裁判所に後見開始の申し立てをし、市（区）町村が費用を助成します。

1人暮らしの人への支援サービス（例）

独居の高齢者が安心して、安全に暮らせるようにサポートしてくれるサービスです。

● 福祉電話相談

1人暮らしの高齢者に相談員が定期的に電話をかけ、安否確認や相談に応じます。

● 緊急通報システム

事故や急病などの場合に、緊急ボタンを押すなどして通報。受けた側が親族などに連絡したり、救急車の出動を要請したりするシステムです。

介護家族のためのサービス

高齢者を在宅介護している場合、家族の身体的、精神的負担を見逃すことはできません。そのような家族に対するサポートを各市（区）町村の社会福祉協議会が企画しています。相談窓口を設けて専門的なアドバイスをしたり、介護の勉強会を開いたり、介護者家族どうしが交流して経験や悩みを分かち合う機会を作るなどの支援も行われています。

お住まいの市（区）町村の福祉サービスを確認してください

さくいん

松川竜也

主任介護支援専門員。一般社団法人神奈川県介護支援専門員協会副理事長として職能団体の活動も行いながら、県および市町村のアドバイザーとして支援にも従事。また、株式会社日本経営の顧問としてコンサルティング業務も担う。

STAFF	装丁・デザイン	谷　由紀恵
	カバーイラスト	石崎伸子
	イラスト	石崎伸子　わたいしおり
	DTP	有限会社ゼスト
	執筆協力	植松まり　山縣敦子
	校正	斎藤のぞみ
	編集協力	株式会社スリーシーズン
	企画編集	大塚雅子（株式会社ユーキャン）

介護保険のしくみと使い方 & お金がわかる本

介護サービスのトリセツ

2024 年 10 月 21 日　初版第 1 刷　発行

発行者	品川泰一
発行所	株式会社　ユーキャン学び出版
	〒151-0033
	東京都渋谷区代々木 1 -11-1
	Tel. 03-3378-1400
発売元	株式会社　自由国民社
	〒171-0033
	東京都豊島区高田 3 - 10 - 11
	Tel. 03-6233-0781（営業部）
印刷・製本	シナノ書籍印刷株式会社